LES MARTYRS

DU PATRIOTISME

5ᵉ SÉRIE GRAND IN-8°

Les deux courageux citoyens furent conduits pieds-nus de l'Isle-Adam
à Persan (page 19)

LES
MARTYRS

DU PATRIOTISME

1870-1871

PAR

Fr. DESPLANTES

Officier de l'Instruction publique

Lauréat de la Société nationale d'encouragement au Bien

SEPT GRAVURES HORS TEXTE

LIMOGES

EUGÈNE ARDANT ET Cie

ÉDITEURS

Les Prussiens incendiant Châteaudun

LES

MARTYRS DU PATRIOTISME

1870-1871

—

I

Nous avons déjà eu maintes fois l'occasion,
dans d'autres ouvrages, de signaler la prétention émise par les Prussiens, pendant la
guerre de 1870-71, de ne considérer comme

belligérants, que les hommes portant l'uniforme de l'armée régulière.

En vertu de cette nouvelle loi militaire, — inaugurée par nos envahisseurs et strictement, barbarement appliquée par eux, — tout franc-tireur, tout garde national pris les armes à la main était impitoyablement passé par les armes : il suffisait même, — et cela est arrivé fréquemment, hélas ! — d'être simplement soupçonné d'avoir commis quelque acte d'hostilité à leur égard, pour se voir immédiatement traduit devant un Conseil de guerre allemand ; le résultat n'était pas douteux, c'était toujours la mort, pour le courageux citoyen qui avait accompli le devoir sacré de défendre le sol de sa patrie.

Cette interprétation barbare du code militaire est tellement odieuse, qu'on ne saurait trop la rappeler pour la flétrir comme elle le mérite. Aussi considérons-nous comme un devoir de consacrer un petit volume à quelques-unes des victimes civiles des Conseils de guerre allemands. Il ne nous est pas permis d'oublier les noms des héros qui, à cette époque douloureuse de notre histoire, ont courageusement et sans aucune hésitation exposé leur vie pour leur pays et été trop souvent les victimes de leur dévouement.

Mais voici tout d'abord un article remarquable du *Journal officiel* de Paris, du 2 décembre 1870, dans lequel sont réfutées, par des arguments sans réplique, les prétentions prussiennes au sujet des francs-tireurs, des gardes nationaux, etc. :

« Nous combattons un ennemi, disait cet organe du Gouvernement, qui, pour atteindre son but, ne recule devant aucun des moyens que depuis longtemps les usages de la guerre ont fait disparaître de la pratique des nations civilisées.

» Ainsi, en plusieurs circonstances, les chefs prussiens ont élevé la prétention de ne considérer comme ayant le droit de leur résister que les citoyens revêtus d'uniformes, enrégimentés et placés directement sous les ordres de l'administration militaire. Quiconque n'est pas dans ces conditions est traité par eux comme un espion, c'est-à-dire impitoyablement fusillé.

» Une telle manière d'agir envers un peuple envahi est une barbarie condamnée par les principes de la morale et de la justice, aussi bien que par les traditions de l'histoire. Nous ne pouvons en citer de plus décisives que celles fournies par la Prusse elle-même.

» A une époque où la fortune l'accablait, où les débris de ses armées régulières détruites s'épuisaient en vains efforts pour arrêter le vainqueur, elle fit appel à la nation entière, et lui ordonna de se lever pour faire à l'étranger une guerre implacable de partisans.

» Les questions d'uniforme préoccupaient fort peu les patriotes qui organisaient ce mouvement, et ils se fussent indignés qu'on refusât la qualité et les prérogatives de soldat aux hommes du *landsturm* auxquels ils permettaient des habits civils.

» Il est bon ici de préciser ces souvenirs et de mentionner textuellement les actes :

» La trahison militaire du général York une fois accomplie, les Etats de la province de Prusse se réunissent et prennent, sous l'aveu du pouvoir central, l'initiative des mesures de guerre contre la France. Le général York, malgré sa destitution et le désaveu royal de sa défection, est nommé gouverneur de la province; on organise la *landwehr* et le *landsturm*.

» Le *landsturm* n'était mis en activité qu'au moment où l'ennemi s'approchait de la province. Alors il s'arme de fusils de chasse ou de tout autre, de piques, de faulx, de haches, de tout instrument propre à l'attaque, et se donne pour but principal l'enlèvement des convois, la destruction des petits détachements, des traînards, des maraudeurs de l'ennemi.

» Tel était le rôle tracé au *landsturm* par l'ordonnance du 7 février 1813.

» Le 13 février, le roi avait ordonné la création d'un détachement de chasseurs volontaires à la suite de chaque bataillon d'infanterie. Bientôt après, il autorise la formation de corps francs qui devaient se recruter *surtout parmi les étrangers,* et ne rien coûter à l'Etat.

» Le 9 février, on supprime toutes les exemptions du service militaire, hormis celles que la nature ou l'intérêt social rendaient nécessaires, et l'on décrète que tous les citoyens, sans distinction de naissance, de

rang, de fortune, sont mis à la disposition
de la patrie pour sa défense.

» Le préambule de l'édit porte ce qui
suit :

« A l'approche de l'ennemi, tous les habi-
» tants des villages doivent s'en aller avec
» leurs bestiaux, leurs effets, emporter ou
» détruire les farines et les grains, faire cou-
» ler les tonneaux, brûler les moulins et les
» bateaux, combler les puits, couper les
» ponts, incendier les moissons approchant
» de la maturité. Les villes ne seront pas
» abandonnées. Mais l'existence d'une garde
» bourgeoise sous la surveillance ennemie
» est défendue; dans les villes occupées par
» l'ennemi, les bals, les fêtes, les mariages
» même, sont interdits. »

Et, s'adressant au peuple, l'édit ajoute :

« Le combat auquel tu es appelé sanctifie
» tous les citoyens. Les plus terribles sont
» les meilleurs : non seulement tu harcèleras
» continuellement l'ennemi, mais tu anéanti-
» ras et détruiras les soldats isolés ou en
» troupes, tu feras main basse sur les ma-
» raudeurs. »

» Tel était le langage de la Prusse en

1813, et c'est grâce à l'énergie des hommes qui le lui ont inspiré qu'elle a sauvé sa nationalité, et plus tard vengé ses défaites.

» Comment pourrait-elle, aujourd'hui que les rôles sont renversés, dénier à chaque citoyen français le droit sacré de prendre une arme et de la diriger contre les envahisseurs? Ce droit nous le tenons de la nature et de la loi.

» Une nation écrasée par la force conquérante résiste tant qu'elle le peut, et cette résistance ne peut amener contre ceux qui y prennent part aucune rigueur militaire en dehors de la lutte.

» Partout, un homme désarmé est protégé par son impuissance de nuire, et quand l'arme qui lui est arrachée n'avait été saisie par lui que pour la défense de son sol natal, de son foyer, de sa famille, l'immoler froidement est un acte de lâche cruauté, qu'aucun sophisme ne saurait excuser. »

II

Pourtant, dès que les soldats prussiens eurent mis le pied sur notre sol, le langage de leurs chefs devint tout différent de celui qu'ils tenaient en 1813, — il est bon de le bien constater, — ainsi qu'on peut en juger par l'extrait suivant de la proclamation du colonel Von Kahlden, affichée à Laon en septembre 1870 :

« Comme, dans les derniers jours, les ha-
» bitants du pays se sont montrés hostiles
» envers les troupes allemandes, j'annonce
» par cela que, pour la moindre attaque ou
» résistance, la plus rigoureuse vengeance
» sera exécutée, et que, pour chaque soldat
» allemand tué, il sera, par contre, fusillé
» *quatre Français* coupables ou innocents, et
» que les environs payeront une forte contri-
» bution. »

Le même trop fameux colonel, faisait afficher à la fin d'octobre l'avis suivant sur les murs de Saint-Quentin, qu'il évacuait en y laissant une garnison :

« Avis très important.

» L'autorité militaire prévient que si un » coup de feu est tiré sur un soldat allemand, » *six habitants seront fusillés.*

» Saint-Quentin, le 30 octobre 1870. »

La différence de langage entre 1813 et 1870 est frappante.

C'est maintenant dans toute sa hideuse splendeur un système d'intimidation barbare inauguré par nos envahisseurs, dès le début des hostilités et fidèlement conservé par eux pendant toute la durée de la campagne. Sous le prétexte que les Français n'étaient point régulièrement organisés comme les Prussiens en gardes mobiles et gardes nationaux, nos ennemis s'empressèrent de proclamer partout que tout civil essayant de leur résister ou d'entraver leurs opérations serait aussitôt fusillé !

— Et ils exécutèrent impitoyablement leur menace...

Nos gardes nationaux étaient naturelle-

ment considérés par eux comme n'étant que
de simples civils.

« Seront punies de mort, dit une proclamation du roi de Prusse publiée le 17 août
par la *Gazette de Francfort*, toutes les personnes qui, sans appartenir à l'armée française, servent d'espions à l'ennemi, donnent
de fausses indications aux troupes allemandes en leur servant de guides, tuent ou pillent des personnes appartenant à l'armée
allemande ou à sa suite, détruisent des ponts,
des canaux, enlèvent des fils télégraphiques
ou des rails de chemin de fer, rendent les
routes impraticables, mettent le feu aux munitions, aux vivres, aux quartiers occupés
par les troupes, prennent les armes contre
les troupes allemandes.

» Pour chaque cas spécial, il sera institué
un conseil de guerre qui examinera la cause
et prononcera.

» Le conseil de guerre ne pourra pronon-
cer d'autre peine que celle de la mort; la
sentence sera suivie immédiatement de l'exécution.

» Les communes auxquelles appartiennent les coupables, ainsi que celles où le crime aura été commis, seront condamnées à une amende qui équivaudra au chiffre de leur impôt annuel. »

Puis, un peu plus loin :

« Les habitants auront à fournir tout ce qu'exige l'entretien des troupes.

» Chaque soldat devra recevoir, par jour, 750 grammes de pain, 500 grammes de viande, 250 grammes de lard, 30 grammes de café, 60 grammes de tabac, cinq cigares, un demi-litre de vin ou un litre de bière, ou un décilitre d'eau-de-vie.

» La ration d'un cheval est fixée par jour à six kilogrammes d'avoine, deux kilogrammes de foin, un kilogramme et demi de paille.

» Si les habitants préfèrent une indemnité en argent aux impositions en nature, ils devront donner 2 francs par soldat. »

On voit par là que tout était prévu et calculé d'avance : même, le vainqueur se piquait de générosité ; car, à défaut de vivres, il acceptait de l'argent.

La liste est longue de tous les courageux citoyens qui, pour avoir accompli le devoir sacré de défendre le sol de la patrie, furent, faute d'un uniforme, passés par les armes après un simulacre de jugement; car nos vainqueurs, qui inauguraient et imposaient à leur profit un code militaire jusqu'alors inconnu des nations civilisées, ne manquaient jamais de se couvrir d'une apparence de légalité.....

III

Hélas! en effet, cet « acte de lâche cruauté qu'aucun sophisme ne saurait excuser », consistant à immoler froidement ceux qui ne sont armés que pour la défense de leur sol, de leur foyer envahis, cet acte, très justement qualifié de *lâche cruauté* par le *Journal officiel* français, fut fréquemment commis.

L'histoire ne doit pas l'oublier. La France s'en souvient et honore les victimes qui sont mortes pour elle.

A Persan, dans le département de Seine-et-Oise, un monument a été élevé à deux de ces martyrs de la foi patriotique : M. *Des-mortiers*, ancien juge au tribunal de la Seine, et *Maître*, un jeune jardinier.

Situé sur la route de Neuilly–en–Thelle, à l'endroit même où Desmortiers et Maître sont tombés sous les balles prussiennes au cri de *Vive la France!* ce monument fut solennellement inauguré le dimanche 5 octobre 1890, — vingt ans après la mort de ces glorieuses victimes de nos envahisseurs.

Pris les armes à la main, les deux courageux citoyens furent conduits, à peine vêtus, pieds-nus et liés dos à dos (1), de l'Isle-Adam à Persan où ils furent fusillés, sur le bord d'une fosse que leurs bourreaux les avaient obligés à creuser de leurs propres mains.

M. Desmortiers était âgé de soixante et onze ans. Maître n'avait que trente-quatre ans.

IV

« Intimider les populations civiles, — avons-nous déjà écrit ailleurs (2) et, par cette

____

(1) Voir la gravure (page 4). — (2) Dans PATRIE

intimidation, les pousser à entraver les opérations militaires de la défense nationale,
voilà la grande préoccupation des Allemands
pendant toute la durée de la guerre, voilà
leur continuel souci.

» Ainsi s'explique le bombardement inutile
des habitations privées, des monuments,
même des ambulances, bombardement cruel
auquel ils se sont livrés dans tous les sièges
de nos villes, depuis Strasbourg jusqu'à
Paris.

» Pas un seul coup d'audace n'a été tenté
contre nos places fortes, pas un assaut n'a
été donné ; mais, en revanche, les bombes à
pétrole portaient la dévastation et la ruine
partout où l'incendie était susceptible de faire
naître la terreur. Façon d'agir peu glorieuse,
il est vrai, mais essentiellement pratique.

» Ajoutons bien vite que, par leur vail-
lance à supporter tous leurs effroyables
maux, les populations bombardées déjouè-
rent, la plupart du temps, les calculs de nos
envahisseurs et permirent aux commandants
de nos places de résister jusqu'au dernier et
terrible moment de la famine. Témoin les
sièges de Strasbourg, de Toul (incapable de

résister deux jours, d'après plusieurs officiers français, et qui lutta pendant plus de
six semaines), de Metz, de Verdun, de Paris,
de Belfort dont les Allemands ne parvinrent
pas à s'emparer, etc.

» Donc, la population civile était exclue du
droit de la guerre, chaque fois qu'il s'agissait
pour elle de se défendre. Par compensa-
tion, sans doute, ce même droit de la guerre
lui était appliqué avec rigueur aussitôt qu'il
était question de payer. Etre constamment
rançonnée et se taire, tel était son unique
droit.

» Les habitants des diverses localités en-
vahies avaient, au début, conservé au moins
l'espoir qu'ils ne seraient punis que pour les
actes commis par quelqu'un des leurs. Leur
erreur à cet égard fut encore bien vite et trop
souvent dissipée d'une cruelle façon par les
vainqueurs, qui leur prouvèrent, soit la torche
à la main, soit sous le feu d'un peloton
d'exécution, que leur solidarité était, à leurs
yeux, beaucoup plus large.

» En effet, le village d'où les Prussiens
étaient momentanément chassés par un corps
d'armée français, devenait, à leur retour,

responsable de l'échec qu'ils y avaient subi.

» Nos tirailleurs parvenaient-ils à surprendre et à tuer quelqu'un des leurs, les habitants notables de la localité où le fait s'était produit le payaient aussitôt de leur liberté, et parfois de leur vie. »

V

Pendant le siège de Metz, le village de Peltre, situé à quelque distance de la place, était occupé par les Prussiens. Dans une sortie, les assiégés les en délogèrent; mais ceux-ci ne s'y étant point maintenus, nos envahisseurs, à leur retour au village, prétendirent que les paysans s'étaient entendus avec les Français de Metz, et le village fut brûlé.

Durant deux jours, méthodiquement, avec la régularité systématique dont ils se piquent, les Allemands répandirent du pétrole dans chaque maison et, avec le plus grand sang-froid, y mirent successivement le feu.

Incendier le village tout d'un coup, en une

Le maire serre la main à Debordeaux, lui faisant ainsi comprendre qu'il n'y a qu'à s'exécuter (page 37)

seule fois, n'aurait point en effet produit le
résultat cherché : tandis que les habitations
flambant l'une après l'autre, sans relâche,
nuit et jour, devaient, à leur sens, inspirer
une terreur salutaire et susceptible de les
faire redouter davantage.

Au bout de deux jours, il ne restait du village de Peltre que quelques pans de murs
calcinés et des ruines fumantes. Les flammes
avaient détruit toutes les maisons, sauf une.

Celle-ci, — un établissement religieux, —
était habitée par vingt-trois sœurs de charité,
qui, depuis le commencement du siège, n'a-
vaient cessé de soigner les blessés et les malades prussiens. Un soldat vint leur intimer
l'ordre de sortir de leur logis, et, dès que la
dernière d'entre elles eut franchi la porte, le
dernier incendie fut allumé en présence de
ces femmes de cœur, et les flammes dévorè-
rent, sous leurs yeux indignés, le paisible
asile que leur charité et leur dévouement auraient dû rendre sacré.

Détail admirable : au plus fort de ce dernier incendie, le prince Frédéric-Charles fit
demander six religieuses de Peltre pour soi-

gner des blessés allemands, dans une ambu-
lance installée un peu plus loin.

Jetant alors un dernier regard à leur asile
embrasé, les nobles femmes répondirent
simplement :

— Nous irons.

Et elles partirent, donnant ainsi une magnifique leçon d'humanité à ces impitoyables
incendiaires qui, sans scrupule, acceptèrent
leurs services.

VI

Un autre jour, au commencement du siège
de Verdun, — que la résolution et le courage
des habitants firent durer du 24 août au
7 novembre, alors que les officiers prussiens
se vantaient d'entrer dans la ville sans coup
férir, — un notable du village de Charny, situé
à neuf kilomètres de Verdun, fut arraché de
sa demeure par ordre de l'état-major allemand et traduit devant un conseil de
guerre.

Le crime de M. *Violard* — c'était le nom

de cet habitant de Charny, — était grand :

Pendant qu'une troupe de Prussiens pillait et dévastait le moulin de Charny, un paysan, demeuré inconnu, s'était emparé de son cheval et s'en était servi pour aller prévenir la place et demander main-forte à la garnison.

D'un autre côté, trois jours plus tard, des francs-tireurs avaient surpris et tué, dans ce même village, deux officiers allemands.

Suivant leur système, ces deux faits ne pouvaient demeurer impunis. Il fallait un exemple.

Les habitants de Charny étaient, il est vrai, demeurés complètement étrangers à l'accomplissement de ces deux faits; qu'importe?... C'était à Charny qu'ils avaient eu lieu, et, en présence de l'impossibilité où ils se trouvaient de découvrir et de retrouver les coupables, ce fut un habitant de Charny qui dut payer pour eux, bien qu'il fût manifestement innocent.

Le maire, les adjoints et plusieurs autres notables avaient été emprisonnés, mais aucune charge ne pouvait être relevée contre eux.

Pour M. Violard seul, on savait que son

cheval avait servi à aller prévenir la garnison : il est vrai que cela avait eu lieu à son insu.

Les Prussiens ne furent point embarrassés pour si peu. Il fallait une victime pour venger la mort des deux officiers : M. Violard fut choisi.

Le malheureux habitant de Charny dut subir de nombreux interrogatoires ; l'enquête se prolongea, comme si l'on avait tenu à ne pas le condamner sans preuves.

Les formes juridiques furent scrupuleusement observées, et M. Violard comparut enfin devant un conseil de guerre qui se livra fort sérieusement à la lugubre comédie d'un jugement en règle.

« M. Violard, — disait le texte du juge
» ment, — avait manifesté de mauvaises
» intentions à l'égard de l'armée allemande
» et par conséquent mérité la mort. »

Telle fut la seule charge relevée contre lui.

En conséquence, il fut sans merci conduit devant le peloton d'exécution.....

VII

Voici maintenant le récit ému qu'a fait
M. J. Brare (1) du quintuple assassinat, —
il n'est guère possible de donner un autre
nom à l'acte des Prussiens, — de deux jeunes instituteurs (MM. *Debordeaux* et *Poulette*),
et de trois volontaires et gardes nationaux
(MM. *Courcy, Létoffé* et *Déquirez*), fusillés
près de Soissons les 10 et 11 octobre 1870.

Soissons n'avait pas encore été investi, —
raconte M. J. Brare à qui nous empruntons
textuellement tout ce qui a rapport à ce quintuple assassinat : — les Prussiens occupaient bien Crouy, sur la rive droite de
l'Aisne, et c'est par la rive gauche qu'ils
avaient commencé l'attaque.

Ils avaient le dessein de compléter au plus
tôt l'investissement et d'assurer leurs communications avec le Nord.

Ils cherchaient un point propre à leur faci-

(1) *J. Brare* : LES MÉMOIRES D'UN MOUCHOIR BRODÉ.

liter ce double but. Le village de Pommiers leur parut admirablement situé pour cela.

Pendant que nous nous battions à Saint-Quentin, le 8, voici ce qui se passait à Pommiers : une cinquantaine d'Allemands cherchaient un endroit de la rivière où ils pourraient construire un pont de bateaux. Leur choix fait, ils se mirent en mesure d'exécuter leur projet.

Aussi rapide qu'une traînée de poudre, la nouvelle s'en fut bientôt répandue, car on surveillait leurs allées et venues. Voilà donc l'alarme au village.

La consternation semble d'abord abattre les courages; mais ils se relèvent aussitôt. On veut empêcher la chose et se défendre; mais avec quoi?... Pas d'armes. Qu'importe! les communes voisines en ont reçu, on ira leur demander du secours.

Effectivement, Pasly et Vauxrezis avaient pu être armés. On y court; on s'adresse à l'instituteur, M. *Debordeaux*.

C'est ce jeune instituteur (1) qui commandait la garde nationale, bien qu'il ne fût que sergent-major.

(1) Jules Debordeaux n'avait que vingt-sept ans.

On lui raconte ce qui se passe. Avec l'ardeur de son patriotisme et de son âge, il répond, sans hésiter : « Comptez sur nous, » d'abord je vous accompagne, afin de me » rendre bien compte de ce qu'il y a à » faire. »

Il va donc et revient aussitôt, rapportant la conviction que le but de l'ennemi est d'envahir les campagnes du Nord, de l'Aisne.

Sans perdre de temps, il fait prévenir, par un homme sûr, le commandant de la place de Soissons. Celui-ci lui fait répondre « qu'il faut à tout prix empêcher la construction du pont et pousser les hommes dont il dispose à la résistance, promettant en même temps d'envoyer, dans la nuit, des hommes déterminés de la garnison, afin de renforcer les gardes nationaux, et recommandant bien d'attendre leur arrivée avant d'engager la lutte. » (1)

Fort de ces instructions, Debordeaux, s'ouvre à quelques-uns de ses amis les plus résolus de Pasly.

(1) Jules DESCHAMPS : *Six exécutions prussiennes*, Soissons, 1872, page 8.

Sur-le-champ leur parti est pris; ils empêcheront ou du moins retarderont l'invasion qui les menace.

En moins de temps qu'il n'en faut pour le raconter, une petite troupe s'est formée sous les ordres de Debordeaux. On va à Pommiers, où elle se grossit des gens les plus déterminés du village. On se présente aux travailleurs; on les inquiète par quelques coups de feu prudemment dirigés, et, finalement, on arrête un bateau de Prussiens, et on force l'ennemi à se retirer.

Mais, en se retirant, les Prusssiens menacèrent de revenir en force et de se venger.

— S'ils reviennent, dit Debordeaux à ses amis de Pommiers, que je sois immédiatement prévenu; vous pouvez compter sur les gens de Pasly, et je vais m'assurer de ceux de Vauxrezis.

Effectivement, pensant qu'il n'y avait pas un instant à perdre, il s'arrête à peine chez lui et court chez son collègue de Vauxrezis. *Poulette*, (c'est le nom de cet instituteur), y avait,—comme Debordeaux à Pasly,—armé les habitants et organisé une garde nationale.

Tous deux se rendent chez les hommes

dont le caractère résolu leur est connu, leur dépeignent la situation, enflamment leur patriotisme et reçoivent leur parole qu'ils peuvent compter sur eux.

Ceux-ci, de leur côté, agissent aussitôt auprès de leurs amis; et, finalement, on convient qu'au premier signal donné, la garde nationale des deux pays se réunira à la *Croix-Blanche* (à peu de distance de Pommiers), et de là se portera au secours de Pommiers.

Ainsi qu'ils en avaient fait la menace, les Prussiens revinrent plus nombreux.

Les braves gardes nationaux de Pasly et de Vauxrezis sont aussitôt à la *Croix-Blanche*; ils attendent, sous le commandement de Debordeaux, les renforts promis par le lieutenant-colonel de Nouë.

On s'impatiente, on trépigne; hélas! les renforts n'arrivent pas.

Pour tempérer l'impatience de ces hommes, et aussi afin de reconnaître les positions de l'ennemi, Debordeaux envoie en avant quelques éclaireurs. Qu'apprend-il?... que déjà l'Aisne a été franchie, à l'aide d'un radeau, par quelques Prussiens.

Déjà ces Prussiens s'étaient établis, près du château de Rochemont, dans une ferme, tandis qu'un fort détachement occupait toujours l'autre côté de la rivière.

« Il n'y a pas un instant à perdre », s'écrie Debordeaux, « marchons ! ».

Et il pousse vers le château, où il ne trouve plus personne.

Les Prussiens, en entendant l'approche de ces braves paysans, s'étaient cachés dans les caves et dans les hangars du château et de la ferme.

La petite troupe, ne voyant d'ennemis que devant elle, se déploie alors en tirailleurs, borde la rivière et tire sur les Prussiens restés sur l'autre rive.

Hélas! les provisions sont vite épuisées! Mais on compte toujours sur le renfort promis.....

A deux heures du matin, aucun renfort n'avait encore paru!

Les renforts ne purent arriver à temps.

Il ne restait plus à ces braves gens qu'à se retirer. C'est ce qu'ils firent, tout en se promettant bien de revenir le lendemain.

C'était un temps précieux perdu pour les

nôtres; car, si les Prussiens avaient tardé un jour de plus à construire leur pont, ils auraient rencontré la résistance de huit ou dix communes qui pouvaient fournir cinq ou six cents gardes nationaux bien armés, sans compter les francs-tireurs et les volontaires (1).

Mais les Prussiens qui, jusque-là, n'avaient pas fait un mouvement, ne furent pas plus tôt débarrassés de la présence de ces braves, qu'ils sortirent de leur cachette, et reprirent avec une activité sans pareille le travail commencé.

Une heure après, quinze cents ennemis franchissaient l'Aisne et se répandaient dans Pommiers.

Les portes des maisons sont enfoncées à coups de crosses de fusils; les malheureux villageois sont arrachés de leurs lits et sommés, sous peine de voir le village incendié, de livrer les coupables !

Les coupables !... Comme si ceux-là sont des coupables, qui exposent leur vie pour défendre leur pays ! Des coupables !... ces

____

(1) *Progrès de l'Aisne*, numéro du 14 novembre.

hommes dont la conduite doit être connue de nos enfants, afin qu'ils apprennent à l'imiter!...

Les Prussiens s'emparèrent d'abord du maire, du curé, de l'instituteur et de deux autres notables du pays.

Pendant que les uns les gardaient à vue, sous une pluie battante, et cela depuis trois heures du matin jusqu'au soir, d'autres fouillaient les maisons, bouleversaient, brisaient tout ce qui se trouvait sur leur passage.

Et pourquoi?... Pour le vain plaisir de détruire.

Pendant que cette belle besogne s'accomplissait à Pommiers, le chef de ces bandits, le lieutenant-colonel de Krohn, — que ce nom soit maudit! — gagnait Pasly à la tête de cent hommes.

Ils entrent dans le village et trouvent le maire et l'instituteur à la porte de l'école.

— Le maire? — demande un officier au premier.

— C'est moi, monsieur.

Et se tournant vers Debordeaux ·

— Vous êtes l'instituteur?

— Oui, monsieur.

A peine avait-il fait cette réponse, que deux vigoureux soufflets lui sont appliqués par le misérable soudard qui lui crie : Allons, vite, la liste des gardes nationaux !

Debordeaux allait sauter sur le brutal, mais un revolver dirigé sur sa poitrine le tient en respect. Le maire lui serre la main (1), lui faisant ainsi comprendre qu'il n'y a qu'à s'exécuter.

Non seulement, lui dit-on, il doit livrer cette liste, mais aussi et sur-le-champ apporter les fusils de ses hommes et les cartouches envoyées de Soissons...

Le lendemain, pendant qu'à Pasly on commençait à respirer, pensant que la remise des armes et des munitions par Debordeaux écartait tout danger, à Pommiers, les cinq ôtages arrêtés la veille étaient placés sur une charrette, pour être conduits au château de Vauxbuin, dont le lieutenant-colonel de Krohn avait fait sa résidence.

L'ordre du départ allait être donné, quand tout-à-coup un officier, l'écume à la bouche, s'écria :

(1) Voir la gravure (page 23).

— Si les coupables ne sont pas livrés, on va fusiller les otages et mettre le feu au village !

Et alors..., alors il s'est trouvé trois hommes, trois traîtres que la peur sans doute égarait ; trois misérables que Pommiers doit rougir de compter parmi les siens, dont les noms doivent être cloués au pilori de l'histoire, qu'il faut faire connaître à nos enfants, pour qu'ils apprennent à les maudire : *Arnould, Leclère, Bertin* ; il s'est trouvé trois hommes qui ont osé dénoncer le courageux instituteur de Pasly et deux de ses compagnons d'armes : *Courcy* et *Blanchard*.....

Cette lâche dénonciation reçue, une nouvelle troupe de deux cents Prussiens se dirige aussitôt sur Pasly et le cerne.

L'épouvante se répand dans le village ; les uns se cachent, les autres veulent fuir. Debordeaux est de ces derniers.

Mais toutes les issues sont gardées, la fuite est impossible.

Repoussé dans le village, l'instituteur, dont le signalement avait été exactement donné, est saisi et garrotté. On le mène à l'école, on l'injurie, on le frappe.

Courcy, également arrêté, est amené près de lui ; il faut maintenant Blanchard ; on veut que tous trois ensemble soient confrontés avec leurs dénonciateurs ; on sait bien d'avance quel sort leur est réservé ; et, l'un d'eux manquant, c'est un spectacle incomplet.

Mais Blanchard est introuvable, et les bourreaux sont bien impatients de jouir du supplice qu'ils réservent à leurs victimes.

Bah ! puisque Blanchard manque à l'appel, on lui fera son affaire un peu plus tard ! Il ne perdra rien pour attendre ! Quant à ceux-ci, il faut en finir.

— Les avez-vous vus tirer ? — demande-t-on aux trois traîtres de Pommiers.

— *Oui*, répondent-ils.

— Eh bien ! dit-on à Debordeaux et à Courcy, vous allez être fusillés.

Et la sentence fut, sans le moindre délai, exécutée.

Conduits sur la hauteur qui domine Pasly, les deux infortunés furent immédiatement fusillés.

Les Prussiens trouvèrent plaisant de se servir de la personne de l'instituteur comme d'une cible; ils tirèrent l'un après l'autre sur lui. Un premier coup de feu l'avait renversé; il se relève et essaie de fuir. Un second coup l'abat de nouveau : de nouveau il se relève, mais alors une triple décharge le couche par terre, cette fois pour toujours. (1)

Les détails de cette monstrueuse exécution eurent pour témoins deux paysans qui travaillaient non loin de là et qui n'avaient pas été aperçus.

Ils virent les bourreaux s'en retourner, heureux de leur sinistre besogne, et abandonnant les cadavres sur lesquels ils venaient d'assouvir leur vengeance.

Ce ne fut que le lendemain que les deux infortunés furent ramassés par les habitants de Pasly et confiés à la terre...

VIII

Cela se passait le 10 octobre, continue M. J. Brare; et à cela ne devaient point se

(1) Voir la gravure, (page 43).

borner les exploits de ces barbares. Vauxrezis n'avait-il pas aussi à se reprocher le grand
crime que venait d'expier si cruellement
Pasly par le martyre de deux de ses enfants?
Les dénonciateurs de Pasly n'avaient-ils pas
également dénoncé Vaurezis? Cela n'était pas
douteux.

En effet, le 11 — c'était un mardi — à
trois heures du matin, les Prussiens enva-
hissaient Vauxrezis, sans que les habitants,
frappés de terreur, paralysés par ce qu'ils sa-
vaient des atrocités commises à Pommiers
et à Pasly, songeassent à fuir ou à se défendre.

Ah! ils étaient bien instruits, les misérables! Les traîtres de Pommiers n'avaient,
bien sûr, négligé aucun détail.

Aussi, le collègue de Debordeaux, Poulette, l'instituteur de Vauxrezis, fut-il, le premier, l'objet de leur vengeance.

Infortuné jeune homme, il avait à peine
trente ans, et tout le monde l'aimait, lui
aussi, dans le village!

Comme Debordeaux, il avait dressé une
liste des gardes nationaux de son village;

comme Debordeaux, il fut sommé de la livrer.

Mais le brave garçon avait pris soin de la détruire, dès qu'il avait connu l'approche des Prussiens.

Alors, ces fiers soldats le malmènent et l'injurient; ils lui déclarent enfin qu'ils vont le fusiller, s'il ne leur désigne pas ceux de ses concitoyens qui ont pris les armes.

Ah! ils le connaissaient mal! Eh! n'auraient-ils pas dû s'incliner devant ces braves gens que le nombre n'avait pas effrayés! devant ces obscurs héros qui, s'oubliant eux-mêmes, n'avaient songé qu'à défendre leur pays! N'auraient-ils pas dû se sentir pénétrés d'admiration en présence de cet homme, si jeune encore, qui devait tenir à la vie, et pour lui et pour celle qu'il s'était donnée pour compagne; de cet homme qui, au mépris de la mort, gardait un silence si compromettant!

Oui, Poulette refusa de parler. Mais si Pommiers avait eu ses traîtres, Vauxrezis devait aussi avoir le sien.

Profitant d'une absence de l'instituteur, le garde champêtre, *Poitevin* — que ce nom soit

Un second coup l'abat de nouveau... de nouveau il se relève... (page 40)

à jamais maudit! — avait pris un double de
la liste des gardes nationaux. Il se hâte de le
livrer aux Prussiens, en ayant bien soin
d'attirer leur attention sur deux hommes
dont il voulait particulièrement se venger. (1)

Létoffé, et *Déquirez* furent ainsi désignés à
la haine de nos ennemis, comme ayant com-
battu à côté de Debordeaux à l'attaque du
pont de Pommiers.

On s'empara donc de Poulette et de ces
deux gardes nationaux; on les garrotta soli-
dement et on les enferma avec une trentaine
d'habitants de Vauxrezis, dans la salle d'é-
cole, gardés à vue.

Fait horrible! fait abominable dont sont
seuls capables les Prussiens! pendant que
les prisonniers sont fouillés, interrogés, tortu-
rés, que font ces braves guerriers, ces généreux vainqueurs? Ils forcent la femme de
l'infortuné Poulette, affolée de douleur et de

---

(1) En 1872, on fit passer devant un conseil de guerre les
misérables dénonciateurs. Poitevin fut condamné à mort et
exécuté; Arthur Arnould, également condamné à mort vit sa
peine commuée en la déportation à perpétuité à la Nouvelle-
Calédonie; Joseph Leclère fut condamné à dix ans de travaux
forcés, et Jean Bertin à cinq ans de la même peine.

désespoir, à préparer le repas des trois officiers auxquels ils obéissaient.

A dix heures du matin, des charrettes sont
réquisitionnées ; on y fait monter nos trois
malheureux, on y entasse avec eux vingt-
quatre otages ; et, malgré les cris des enfants, malgré les gémissements des femmes
qu'on écarte brutalement, on prend le chemin de Vauxbuin ; on y va rejoindre les otages
de Pommiers. (1)

Les prisonniers sont introduits au château,
dans la salle du conseil.

Le digne lieutenant-colonel de Krohn —
il faut que ce nom soit retenu — préside.

Après un discours dans lequel les mots de
justice, de providence, de sévérité, se mêlent
hypocritement, il ordonne de séparer les prisonniers en trois groupes : le curé de Pommiers et le maire de Pasly sont enfermés ensemble dans une pièce voisine ; Poulette,
Létoffé, Déquirez sont retenus devant le
conseil ; les autres sont conduits sur la pe-
louse du parc, où on les fait coucher à plat
ventre et tête nue.

(1) Voir la gravure (page 67).

On semble ne pas s'apercevoir que le ga-
zon est mouillé par la pluie qui n'a cessé de
tomber toute la nuit. On paraît oublier qu'ils
n'ont pris aucune nourriture depuis la
veille.

On semble ne pas comprendre que c'est là
une torture inouïe, que celle qu'on leur fait
subir; au contraire, des soldats attentifs les
surveillent, le fusil chargé; et, au moindre
mouvement qu'ils font, leur rappellent à
coups de crosses qu'il leur est ordonné de
demeurer dans l'immobilité la plus absolue.

Pendant cinq heures, ils restèrent ainsi.

Et pendant ce temps-là, on avait simulé un
interrogatoire, un jugement; et pendant ce
temps-là, le brave de Krohn avait pu pro-
noncer contre nos trois infortunés concitoyens
la peine de mort.

« Ils seront fusillés, avait-il dit, en dehors
» du parc, à environ cinquante mètres du
» mur d'enceinte. »

On fait alors relever les otages et on les
conduit, sur deux rangs et tête nue, au lieu
désigné pour le supplice.

Les trois condamnés y arrivent; on leur
donne lecture de la terrible sentence.

Puis, comme si leurs lâches bourreaux éprouvaient le besoin de se rassasier de leurs souffrances, ils les fusillent un à un.

Ah! ils devaient être bien contents, ces héros!

Eh bien! non; leur soif de cruauté n'était pas encore éteinte : après avoir obligé les otages à enterrer les cadavres, ils eurent la barbarie de les forcer à piétiner la terre qui les recouvrait!.....

IX

L'histoire de l'instituteur *Leroy* est plus cruelle encore, nous allons le voir dans les lignes suivantes de Francisque SARCEY. Le maître éminent de la critique a en effet, en 1886, consacré à cet héroïque martyr du patriotisme la plus grande partie d'une de ses meilleures chroniques : nous nous permettons de lui emprunter ce qui a trait à ce courageux instituteur.

« Le malheureux Leroy, — raconte-t-il, — était depuis peu de temps marié à une

femme qu'il adorait, et il avait un petit garçon dont la venue avait mis le comble à son
bonheur.

» Vers la fin de 1870, une compagnie des
francs-tireurs de la Champagne s'était établie
à Vendière, où Leroy était instituteur. Les
francs-tireurs surprirent un jour deux cantiniers et deux cantinières, mais ne pouvant
garder de prisonniers, ils les renvoyèrent; et,
j'imagine, après les avoir soulagés de leurs
bagages.

« Huit jours après, une colonne ennemie
arrivait à Vendière, conduite par messieurs
les cantiniers. Les francs-tireurs, qui n'é-
taient pas de force, s'étaient repliés et avaient
abandonné la ville.

« Les Prussiens, qui avaient pour les
francs-tireurs une haine mêlée d'effroi, font
partout des perquisitions, sans rien trouver.
Mais le hasard veut que l'un des cantiniers
déclare reconnaître l'instituteur Leroy, comme
un des chefs de la compagnie, comme un de
ses voleurs.

« Il le désigne aux soldats, qui l'arrachent
de sa classe, l'accablent de coups de pied et

de coups de crosse, le menacent de leurs revolvers et l'entraînent avec eux.

» Neuf personnes sont arrêtées en même temps que lui. On les fait monter sur un chariot et on les dirige vers le quartier général, où ils passeront devant un conseil de guerre. Ils arrivent au chemin de fer où on les jette dans un wagon à bestiaux.

» A l'arrivée du train à Dormans, le commandant de place s'élance furieux dans le wagon ; et, se tournant vers le malheureux Leroy, qui semble être le principal objet de la haine de l'ennemi :

» — Combien as-tu d'élèves?

» Soixante.

» — Soixante b igands! soixante canailles!

» Puis, lui tirant violemment la barbe :

» — Voilà un instituteur de cette grande nation! Voilà un instituteur de cette nation la plus civilisée de l'Europe!

» Et, sans doute pour lui prouver la supériorité de la civilisation allemande, il cracha à la figure du pauvre prisonnier, qui avait pieds et poings liés.

» La guerre explique et excuse bien des

atrocités. Je ne sais pourtant, mais il me semble que des traitements aussi indignes, infligés à des vaincus sans défense, partent d'âmes basses et viles. »

» Je comprends, j'admire même que Prussiens aient songé à venger par des exécutions, faites un peu au hasard, la déconvenue de leurs cantiniers dépouillés par des francstireurs. C'est une nécessité pour les envahisseurs de terroriser l'indigène. Ce qui est abominable, c'est d'ajouter à la cruauté nécessaire l'insulte inutile; c'est de déshonorer à plaisir ceux que l'on est, de par les exigences de la guerre, contraint de fusiller sans merci.

» Si ces détails sont vrais, et ils ont été attestés par de trop nombreux témoins pour ne pas l'être, je ne sais rien de plus répugnant et de plus abominable à la fois. La balle d'un ennemi, passe encore; mais le crachat d'un Prussien, c'est trop en vérité!

« La jeune femme du malheureux instituteur eut beau se jeter aux genoux des juges (1), protester de l'innocence de son mari

Voir la gravure, (page 87).

et le réclamer avec larmes, il fallait un exemple. Sur les neuf arrêtés, quatre furent condamnés à mort, et l'officier, après avoir annoncé à l'un des cinq autres qu'on lui rendait la liberté mais que quatre de ses amis allaient être fusillés, ajouta avec une satisfaction évidente :

« Justice vient d'être rendue; une bonne
» et belle justice. Vous allez retourner chez
» vous; publiez partout que l'armée allemande
» est juste; qu'elle sait rechercher les coupa-
» bles et les punir. »

» Quatre cercueils furent commandés le jour même.

» Les quatre compatriotes furent conduits au lieu du supplice.

» — Venez, criait Leroy pendant le trajet, venez voir comment meurt un Français in—nocent ! »

X

Nous avons déjà vu plus haut que nos envahisseurs ont toujours refusé de reconnaître la qualité de belligérants aux courageux citoyens qui s'étaient organisés en francs-tireurs et qui avaient été, cependant, en cette qualité, parfaitement et régulièrement immatriculés dans l'armée française.

Tout franc-tireur fait prisonnier était certain d'être fusillé dans les quarante-huit heures.

Hâtons-nous d'ajouter que cette perspective n'a jamais arrêté le dévouement et l'élan patriotique de ces courageux soldats improvisés, qui, pendant toute la campagne, n'ont pas un instant cessé de rendre les plus grands services à nos jeunes armées.

Ainsi, au commencement de février 1871, à Nancy, deux cents habitants furent condamnés à mort pour avoir tiré sur un soldat bavarois.

Leur châtiment fut terrible : on les força de creuser eux-mêmes leur fosse ; chacun recouvrait de terre la tombe de celui qui l'avait précédé, et recevait aussitôt après le coup fatal.

A Metz, le fils unique d'un négociant a été exécuté pour avoir tué un officier prussien.

Dans les Vosges, trente Garibaldiens furent pris et fusillés séance tenante (1).

XI

Quand les Prussiens entraient dans une ville, dans un château, dans une ferme de notre belle France, ils ne comprenaient pas — ou du moins affectaient de ne pas comprendre — que les habitants ne fussent pas aussitôt aux petits soins auprès d'eux et enchantés de recevoir leur visite.

Plusieurs fois, leur outrecuidance à cet égard reçut de la part de certains Français de patriotiques et mordantes leçons dont il ne leur était pas possible de tirer décemment vengeance.

En voici deux, entre autres, qui leur furent données dans l'Eure et en Touraine par le duc de Broglie et le marquis de Biencourt :

(1) Informations publiées dans la *Gironde* et reproduites par le *Phare de la Loire* le 11 février 1871.

Lorsque le grand-duc de Mecklembourg vint prendre garnison chez le duc de Broglie, dans le département de l'Eure, il demanda à lui parler pour s'entendre avec lui sur le logement de son état-major.

M. Albert de Broglie se présenta et se contenta d'adresser au duc allemand ces paroles :

— Monsieur le duc, puisque j'ai le triste et fatal honneur d'être obligé de vous recevoir chez moi, veuillez disposer des appartements de ce château qui vous conviendront, et me permettre de me retirer à l'extrémité de cette maison.

Le duc de Mecklembourg ne se tint pas pour battu, et, vers quatre et demie, il fit inviter M. le duc de Broglie à dîner « chez lui » avec son état-major.

— Monsieur, répondit M. le duc de Broglie, je ne puis accepter votre invitation, d'abord parce que je porte le deuil de mon père, ensuite parce que je porte le deuil de ma patrie.

Quelques semaines plus tard, pendant l'armistice, le marquis de Biencourt vit à son tour sa demeure — le château d'Azay-le-Rideau — occupée par le prince Frédéric-Charles.

Un jour, un officier se présenta à lui de la part du prince, et lui dit :

— Il y a ici, monsieur le marquis, cinq voitures qui vous appartiennent?

— Cinq, en effet.

— Eh bien! son Altesse désirerait s'en servir.

— Je ne prête pas mes voitures.

— S'il en était ainsi, son Altesse se verrait obligée, à son grand regret...

— De me les prendre?... Que son Altesse ne se gêne pas; un acte de pillage de plus ou de moins.....

— Oh! vous calomniez son Altesse; on vous rendra vos voitures, on vous les rendra...

L'officier fit atteler les voitures, et les nobles Prussiens y montèrent pour se livrer à une partie de plaisir.

La petite fête terminée, les voitures furent renvoyées à leur propriétaire.

Le lendemain, le prince Frédéric-Charles passait une revue en face du château. On vit

soudain une grande flamme s'élever devant
la porte principale.

Le prince voulut savoir ce qu'était cet incendie : C'étaient les voitures du marquis qui
brûlaient. Celui-ci, ne voulant plus s'en servir après qu'elles avaient été souillées, avait
ordonné qu'on y mît le feu.

XII

Nous disions tout-à-l'heure que la perspective de la mort et des conseils de guerre
prussiens n'avait jamais arrêté le dévouement et l'héroïsme de notre population civile
pour la défense de la patrie.

Jamais ce dévouement et cet héroïsme ne
se sont mieux affirmés que dans la défense
de Châteaudun, sous-préfecture du département d'Eure-et-Loir, qui commandait par
sa position les routes de Chartres, d'Orléans,
de Nogent-le-Rotrou et de Vendôme.

C'est une page glorieuse de notre histoire,
consolante dans nos malheurs, que cette défense héroïque à laquelle prirent généreuse-

ment part tous les habitants, — même les femmes, — qui amena l'incendie et la destruction complète de la ville par les Prussiens, furieux de la résistance opposée jusqu'au milieu de la nuit à leurs masses par des francs-tireurs et de simples gardes-nationaux.

La ville de Châteaudun a été, elle aussi, une martyre de la guerre, et une mention lui est bien due dans ce petit volume.

» Dès les premiers jours de l'invasion, — raconte M. Emile Corra, à qui nous empruntons le récit de l'héroïque défense de Châteaudun, — la ville s'était signalée par son esprit de résistance, par sa volonté formelle de s'opposer, coûte que coûte, aux progrès de l'envahisseur, et les Allemands n'avaient pas encore atteint l'Orléanais, le mois de septembre ne s'était pas encore écoulé, que déjà la garde-nationale était armée, faisait des reconnaissances, s'avançait au-devant de l'ennemi, et qu'un appel énergique était adressé à toutes les communes voisines pour obtenir leur concours.

« Aussi, quand les francs-tireurs de Paris, qui battaient la contrée sous les ordres du

commandant Lipowski, arrivèrent à Châteaudun, trouvèrent-ils une population si enthou-
siaste et si résolue, qu'ils décidèrent aussitôt
de la seconder dans l'œuvre sainte qu'elle
avait entreprise.

» Les pavés furent soulevés, les charrettes
renversées, les arbres abattus; des remparts
improvisés furent édifiés en un mot; et, à la
suite d'une fausse nouvelle qui annonçait la
marche de tout un corps d'armée sur la ville,
les francs-tireurs, qu'on croyait impuissants
à soutenir la lutte, ayant reçu l'ordre de se
retirer, la garde-nationale, qui avait absolument refusé de se laisser désarmer, protesta
de telle façon qu'il fallut contremander la
retraite et rappeler les braves volontaires.

» Déjà ceux-ci avaient accompli plusieurs
actions d'éclat et conquis l'estime de la popu-
tion, quand le 18 octobre arriva.

» La ville renfermait alors :

« 9 compagnies de francs-tireurs de Paris,
environ sept cents hommes;

» Une compagnie de francs-tireurs de
Nantes, cent cinquante hommes;

« Une compagnie de francs-tireurs de Can-
nes, cinquante hommes;

» La garde nationale de Châteaudun, trois cents hommes ;

» Au total, mille à douze cents hommes.

» Tant de fausses alertes avaient été données depuis quelques jours, qu'on avait fini par se persuader que les Prussiens hésitaient à marcher en avant, lorsque tout à coup, le 18 octobre, vers midi, sans qu'aucune sommation eût été faite, sans qu'un cri d'alarme eût été poussé, l'artillerie bavaroise se mit à vomir la mitraille sur la ville.

» Aussitôt les francs-tireurs, les gardes nationaux, s'emparent de leurs armes ; ils se précipitent vers les portes à la hâte, dans les vignes et les habitations isolées et commencent un feu nourri contre les pelotons de cavalerie ennemie qui s'avancent ; mais, des masses d'infanterie allemande couvrent la plaine ; à tout instant de nouvelles batteries se démasquent, et les défenseurs sont bientôt contraints à se réfugier derrière leurs barricades.

» Ils ont, en effet, en face d'eux — ce sont les documents publiés par l'état-major prussien qui le constatent — la division d'infanterie du général Von der Thann tout entière, la brigade de cavalerie du général Hontheim, et ils peuvent apercevoir dans le lointain deux autres brigades de cavalerie prêtes à entrer en action; ils avaient enfin à lutter, eux douze cents, qui ne possédaient aucune pièce de canon, contre près de *dix-huit mille hommes* munis de plus de *trente pièces* d'artillerie. Et, pendant douze heures, ils résistent à ces forces écrasantes qui se renouvellent sans cesse; et, pendant longtemps, la mort seule fait des vides dans leurs rangs. Un moment même, redoublant de courage et d'énergie, ils parviennent à rompre, sur un point, le redoutable cercle de fer qui les étreint et forcent les Prussiens à abandonner deux pièces de canon dont le manque de chevaux les empêche malheureusement de s'emparer.

» La nuit tombe; aucun pouce de terrain n'a encore été cédé; trois mille obus ont été lancés sur la ville; des incendies ont éclaté en maints endroits, et tous les édifices, dans lesquels la population s'est réfugiée : le château, l'Hôtel-de-Ville, les églises, l'hôpital lui-même, ont été atteints et sont devenus presque inhabitables; les morts s'entassent au pied des barricades ; mais gardes-nationaux et francs-tireurs sont toujours là, accueillant par de terribles feux de peloton toutes les troupes qui se découvrent un instant à leurs yeux. Alors, inspiré par on ne sait quelle funeste résolution, le commandant Lipowski, qui était demeuré au centre de la ville entouré de quelques compagnies constituant la réserve, donne subitement l'ordre de la retraite, sans même informer de son mouvement ceux qui soutiennent la lutte.

» Or, c'était le moment choisi par l'ennemi pour tenter une action décisive. Si un renfort, si faible qu'il fût, eût été envoyé aux combattants des barricades, cette tentative échouait, et le succès, si vaillamment maintenu jusque-là, restait entier à nos armes.

» Ce renfort n'arriva pas, il ne pouvait plus arriver, grâce à l'imprévoyance du commandant en chef. Aussi, bientôt l'ennemi rompt la première ligne de défense, fait irruption dans la ville, et aussitôt, la torche et le pétrole en main, il répand l'incendie dans les quartiers qu'il occupe.

» Cependant, les quelques défenseurs

épars se rallient sur la Grande Place; ils voient s'avancer vers eux, éclairés par les lueurs sinistres de l'incendie, une véritable avalanche d'ennemis. N'importe! ils veulent tenter un effort suprême. « *A la baïonnette!* » s'écrie l'un d'eux, et « *Vive la République!* » s'écrient les cent cinquante héros d'une seule voix; et, entonnant la *Marseillaise*, la baïon--nette en avant, ils se précipitent avec ure impétuosité irrésistible sur les assaillants. La place est balayée.

» Trois fois ce combat corps à corps, cette mêlée terrible, dans laquelle l'incendie seul permet de se reconnaître, recommence; trois fois l'ennemi est repoussé.

» Enfin, les forces et les munitions manquent, et, harassés, les défenseurs se dirigent vers la seule issue restée libre, laissant les Prussiens stupéfaits et incapables de les poursuivre.

» Il est minuit! *Deux cent trente-cinq maisons*, les deux tiers de celles que contient la ville, sont en feu; on enferme un paralytique dans sa demeure; on fusille un vieillard qui proteste contre les barbaries commises; on laisse cinq familles étouffées dans les caves;

enfin, l'état-major lui-même se signale par un acte horrible.

» Il a copieusement dîné et plus copieusement bu; il fait appeler l'hôtesse et l'interpelle ainsi, par l'organe du général Wittich :

» — Excellent dîner, Madame, surtout » pour un dîner qui n'est pas commandé » d'avance.

« — Vous êtes indulgent, général, dit » l'hôtesse.

» — Non! Non! excellent, en vérité! re-» prend le général. Aussi, je veux vous » récompenser par un conseil : Si vous avez » ici quelque chose de précieux, faites-en un » paquet et quittez vite votre maison; il n'y » fera pas bon dans un quart d'heure. »

« Et, au même moment, un autre officier, *monseigneur le duc de Saxe Meiningen!..* se dirige allègrement vers la fenêtre la plus proche et met le feu aux rideaux. Les officiers subalternes imitent son exemple et répandent l'incendie dans toutes les parties du bâtiment. Ce n'est qu'à cinq heures du matin que quelques courageux habitants, qu'aucun mauvais traitement ne rebute, peuvent arriver auprès du commandant prussien et obtenir de faire manœuvrer les pompes. Deux jours après, le 20 octobre, à quatre heures du matin, a écrit le correspondant de la *Gazette de Cologne*, « les feux qui s'élevaient des monceaux » de cendres étaient encore si violents qu'il » faisait clair comme en plein jour. »

» Ce n'est pas tout ! Les maisons que l'incendie ne dévore pas sont dévalisées ; on brise les portes à coups de hache ; on en spolie tout le contenu ; on les livre enfin à un tel pillage, que quelques jours plus tard il faut que le gouvernement de la Défense nationale accorde une subvention de cent mille francs à Châteaudun, et que de dévoués patriotes aillent demander de bourg en bourg des vêtements pour les habitants qui errent, demi-nus, sur les ruines de leur ville.

» Les Châteaudunois se sont consolés de toutes ces humiliations, de toutes ces douleurs, en songeant qu'ils ont couché dans la tombe *trois mille* ennemis, et que, comme l'a déclaré le gouvernement d'alors, ils ont bien mérité de la patrie. »

Nous avons indiqué plus haut que quelques femmes égalèrent en courage et en dévouement les braves défenseurs de Châteaudun.

L'une d'elles, une jeune fille de dix-sept ans, *Laurentine Proust*, a obtenu une médaille d'or et une pension.

XIII

Pourtant il faut le reconnaître, toutes les personnes de cœur de la population civile — et elles sont nombreuses — qui, en 1870-71, ont prêté leur concours dévoué à la défense du sol, n'ont pas toujours été les victimes de leur dévouement.

Quelques-unes ont réussi à échapper à l'œil vigilant et aux recherches impitoyables de nos ennemis : d'autres, bien rares, hélas! ont dû à des circonstances particulières de ne pas être envoyées devant le peloton d'exécution.

Deux femmes héroïques, entre autres, eurent la bonne fortune d'échapper ainsi à la mort qu'elles bravaient avec un rare courage : mesdemoiselles *Dodu* et *Biard*, toutes

On prend le chemin de Vauxbuin, on y va rejoindre les otages
de Pommiers (page 46)

deux fonctionnaires de l'administration des Postes et Télégraphes.

Leur nom doit être retenu et leurs actions ne sauraient être oubliées.

« Lorsque les Prussiens entrèrent à Pithiviers, (1), Melle Dodu était alors directrice de la station télégraphique où elle demeurait avec sa mère.

« Le premier acte de l'ennemi fut de prendre possession du bureau et de reléguer les deux femmes dans un étage supérieur de la maison qu'elles occupaient.

» Comme le fil passait à sa portée, Melle Dodu eut l'idée patriotique d'établir un fil de dérivation, de manière qu'un appareil récepteur, qu'elle avait été assez habile pour conserver à sa disposition, pût marcher chaque fois que l'ennemi se servait du manipulateur ou qu'un message du dehors arrivait à la station de Pithiviers.

» Les dispositions avaient été si habilement prises que l'ennemi ne se doutait en aucune façon que la jeune télégraphiste lui dérobait ses dépêches.

(1) Journal *L'Electricité*, numéro du 20 octobre 1878.

» Les télégrammes ainsi capturés, et qui étaient incontestablement de bonne prise, étaient confiés au sous-préfet, qui les faisait parvenir au quartier-général français, à travers les lignes ennemies, par des messagers qui risquaient courageusement leur vie, et dont plusieurs ont peut-être payé de leur sang leur dévouement à la patrie.

» L'ennemi, rassuré par l'air calme et placide de Melle Dodu et de sa mère, ne soupçonnait rien de ce qui se passait.

» Malheureusement, Melle Dodu n'avait pu éviter de mettre dans la confidence de son secret la servante de la famille.

» Loin d'imiter le noble dévouement de ses deux maîtresses, cette fille avait contracté une intimité coupable avec les soldats prussiens.

» Comme Melle Dodu et sa mère lui faisaient des reproches sur sa conduite, elle répondit de manière à éveiller les soupçons des officiers ennemis qui assistaient à la conversation.

» Melle Dodu et sa mère furent mises en état d'arrestation, et l'on n'eut pas de peine

à acquérir des preuves matérielles de la cul-
pabilité de la fille.

» Traduite devant une cour martiale,
Melle Dodu fut condamnée à la peine de
mort.

» Le prince Frédéric-Charles, qui commandait le corps d'armée, devait, en cette
qualité, confirmer la sentence.

» Avant de le faire, il voulut faire compa-
raître devant lui la coupable, avec laquelle
il avait eu plusieurs fois l'occasion d'échan-
ger quelques paroles, et qui n'était encore
âgée que de dix-huit ans.

» Le prince l'interrogea sur les motifs qui
l'avaient conduite à commettre une si grande
infraction à ce que l'on nomme les lois de la
guerre.

» — *Je suis Française*, répondit simplement Melle Dodu.

» L'armistice qui survint sauva la vie à
Melle Dodu, dont l'exécution serait alors devenue un crime de droit commun, un assassinat, vulgaire. »

Melle Dodu, devenue directrice des postes à
Montreuil, auprès de Vincennes, a reçu, le
13 août 1878, la croix de la légion d'honneur

en récompense de sa belle conduite et de son dévouement à la patrie.

XIV

Quant à Melle Biard, c'est en Normandie qu'ont eu lieu les faits dont elle a été l'héroïne.

Au mois de décembre 1870, les Prussiens avaient envahi le département de la Seine-Inférieure.

Leurs colonnes s'étaient avancées jusqu'à Dieppe; les communications étaient partout interrompues, et le service postal avait dû cesser de fonctionner.

Le directeur du bureau de Dieppe voulut pourtant organiser un service entre Dieppe et Rouen, par Auffray, Saint-Victor-l'Abbaye, Bosc-le-Hard, Clères et Malaunay.

La receveuse d'Auffray, Mme Chavanieux, mise au courant de ce projet, demanda aux trois facteurs attachés à son poste s'ils consentiraient à porter les lettres.

L'entreprise était dangereuse : il fallait

traverser les lignes ennemies; aucun des trois hommes n'osa s'y risquer.

La mission périlleuse qu'ils déclinaient, une jeune fille n'hésita pas à la réclamer. C'était la propre nièce de la receveuse, devenue son auxiliaire, M^clle Maria-Cléméntine Biard, âgée de dix-neuf ans.

La jeune surnuméraire avait entrevu la possibilité de faire le service attendu des chefs de Dieppe, et qui permettrait de mettre cette ville et la région en communication avec le chef-lieu; elle connaissait le pays, elle saurait déjouer la vigilance de l'ennemi; elle passerait!

Sa proposition fut acceptée.

Elle se fit alors confectionner une ceinture munie d'une vingtaine de pochettes, — autant qu'il en fallait pour la correspondance de chacune des localités qu'elle se chargeait de desservir; — et, le 8 décembre, cette ceinture passée sous sa robe, Maria Biard commençait sa tournée d'une trentaine de kilomètres.

La campagne était couverte de neige; les souffrances du froid s'ajoutaient aux dangers de cette expédition.

Tous les jours, cependant, pendant plus de deux mois, sans jamais être découragée, la jeune fille la renouvela.

Il fallait souvent partir la nuit, voyager dans l'obscurité, changer constamment d'itinéraire pour déjouer la surveillance des Prussiens, faire de longs détours pour échapper aux patrouilles, ou bien changer de costume, se donner tantôt l'air d'une fille de ferme, tantôt celui d'une pauvresse pour ne pas éveiller les soupçons par ses continuelles allées et venues. Il lui arriva souvent d'être obligée de se jeter dans un bois et de rester des heures cachée, les pieds dans la neige, pour attendre le moment propice de traverser les lignes ennemies.

Trois fois arrêtée par les soldats allemands, Maria Biard parvint non seulement à se tirer de leurs mains saine et sauve, mais encore à ne pas leur laisser deviner la mission qu'elle accomplissait.

Maria Biard est morte le 3 avril 1890 et a été enterrée dans le cimetière d'Auffray.

Malgré l'avancement qui lui avait été maintes fois offert, elle avait toujours refusé un changement de résidence afin de ne pas quitter sa tante qui l'avait élevée.

Quelques amis, admirateurs de sa vaillante conduite, ont tenu à lui ériger un monument durable qui en perpétue le souvenir.

Ce monument a été solennellement inauguré le 26 octobre 1890, dans le cimetière d'Auffray, sous la présidence de M. Leblond, sous-préfet de Dieppe.

Il consiste en un sarcophage en pierre de Lorraine surmonté d'une croix. Les côtés latéraux portent des inscriptions relatant les exploits accomplis par la jeune héroïne âgée de dix-neuf ans, et les noms du maire et des conseillers municipaux d'Auffray qui ont accordé une concession perpétuelle.

XV

C'est à la même administration que M^{elles} Dodu et Biard qu'appartenait M. *Gallet*, modeste fonctionnaire qui, lui aussi, pendant l'*année terrible,* a donné un magnifique exemple de dévouement inspiré par le devoir professionnel.

En 1885, alors que M. Gallet, toujours demeuré simple et modeste employé, résidait à Marle, un journal du département de l'Aisne fit connaître la belle conduite de cet humble héros qui, lors de l'invasion prussienne, resta seul à Boves et refusa de quitter son poste, malgré les obus qui tombaient sur son bureau, pour pouvoir envoyer, d'instant en instant, des nouvelles à Amiens.

C'était le 26 novembre : après deux jours de bataille, soutenue malgré son infériorité numérique, l'armée française avait dû se replier sur Dry et sur Boves, petite station de la ligne du Nord.

M. Gallet avait reçu de ses chefs la permission d'abandonner la gare, criblée de mitraille : il n'y consentit point, car des dépêches arrivant à Amiens pouvaient peut-être modifier encore l'issue du combat, et il jura de les faire toutes passer.

Les troupes françaises étaient en retraite cependant, délogées des positions qu'elles avaient conquises à la baïonnette par les renforts que mettaient sans cesse en lignes les Allemands...

Un obus éventra le toit du bureau télégraphique... Bientôt, il fut suivi d'autres... On visait cette construction qui gênait pour pouvoir poursuivre au canon notre infanterie.

M. Gallet ne songea pourtant point à se retirer, tant que son appareil serait intact, tant qu'il pourrait communiquer avec Amiens.

Mais, afin de pouvoir tenir jusqu'au dernier moment, il établit contre la porte du télégraphe une sorte de barrière, formée de casiers et de matelas...

Une heure durant, en dépit des boulets qui pleuvaient autour de lui, il resta à l'appareil.

Ce fut miracle s'il ne fût pas dix fois atteint......

Enfin, l'appareil vola en éclats, au milieu de la fumée qui aveuglait M. Gallet. Son dévouement devenait inutile.

Il n'y avait plus qu'une mission d'honneur à accomplir : essayer de sauver les registres du télégraphe, qui pouvaient être, pour les Prussiens, la source d'indications précieuses.

M. Gallet sortit, sans daigner se cacher, tant la mort paraissait inévitable, et longea, sous le feu de l'ennemi, la voie ferrée.

Les obus tombaient à côté de lui, et ce fut grâce uniquement au sol détrempé, qui les empêchait d'éclater, qu'il dut son salut.

Enfin, les vêtements troués de balles, il arriva à Longueau, où il remit ses registres et sa caisse, simplement, dignement, comme s'il venait de faire la chose la plus naturelle du monde...

XVI

Et tous ces braves gens, ces dévoués patriotes qui, pendant le siège de Paris, venaient se proposer pour transporter les dépêches de Paris à la province à travers les lignes prussiennes, et pour rapporter par la même voie périlleuse celles de la Délégation de Tours au gouvernement enfermé dans la capitale, ne méritent-ils point, eux aussi, d'être cités en bonne place parmi les martyrs civils de la guerre?...

Plusieurs ont payé de leur vie leur dévouement à la Patrie, — avons-nous déjà écrit dans « *En vacances chez un héros* » — quelques-uns ont eu le bonheur de réussir.

La liste de ces héros a été jadis publiée par M. F. Steenackers, ex-directeur des postes et télégraphes. Pourtant, on les connaît à peine aujourd'hui.

Les noms de ceux qui ont été frappés les armes à la main sont, chaque année, rappelés glorieusement sur leurs tombes aux jours anniversaires des sanglants combats où ils ont trouvé la mort. Mais les autres, dont le courage a été au moins égal, ne méritent-ils point d'être aussi connus et admirés !

C'est *Brare*, gardien de bureau à Paris et père d'une nombreuse famille, qui réussit une première fois à franchir les lignes ennemies pour remettre des dépêches à Saint-Germain et à Triel. Heureux de ce premier succès, il tente une seconde sortie, est fait prisonnier, s'évade et gagne Tours. Il repart de cette ville le 3 décembre avec une nouvelle mission et est tué d'une balle dans la tête au moment où il traversait la Seine à la nage.

C'est Henri *Richard*, qui emporte de Tours
des dépêches pour Paris. Malgré le froid,
quand il est arrivé à proximité de la capitale
assiégée, il se jette à l'eau et, pour nager
plus librement, ne conserve pour tout vêtement qu'une casquette et qu'une paire de
souliers. Il réussit à aborder à Rueil, où il
est recueilli par les sentinelles françaises.
Conduit devant le commandant des francs-
tireurs de Paris, il tire un petit paquet de la
doublure de sa casquette et un autre de l'in-
térieur de la semelle de l'un de ses souliers,
et, les posant sur une table :

— Voici mes papiers, lui dit-il.

C'étaient les dépêches dont il était porteur.

Et combien d'autres encore dont les noms
demeurent inconnus ou oubliés...

XVII

Mais un patriote dont le nom est encore
dans toutes les mémoires des habitants de
Bougival et doit être retenu par la France
entière, c'est François *Debergue*, un simple

jardinier, sans grande culture intellectuelle il est vrai, à qui son amour pour la patrie inspira la pensée et la résolution d'un acte de dévouement crânement accompli, et qui tomba fièrement sous les balles prussiennes.

On était encore au début de l'investissement de Paris. Le 46e régiment d'infanterie prussien s'était établi le 17 septembre 1870, dans le village de Bougival. A peine installés, nos envahisseurs s'empressèrent de poser un fil télégraphique entre leur cantonnement et Versailles, siège de l'état-major allemand, afin d'être en communication constante avec le commandement en chef. Mais ils ne tardèrent pas à éprouver une grande surprise.

En effet, à peine avaient-ils commencé à se servir de ce fil télégraphique qu'il se trouva coupé et, par suite, le courant étant interrompu, aucune communication n'avait lieu entre eux et Versailles. Rétabli aussitôt, le fil fut coupé de nouveau.

Furieux, les Prussiens le rétablirent encore; et, cette fois, organisèrent tout le long de leur moyen de communication une active surveillance qui aboutit à faire arrêter un paysan surpris par eux en train de rôder autour du télégraphe.

· Ce paysan était François Debergue, âgé de soixante ans, jardinier de son état. Il fut immédiatement conduit devant une commission militaire.

« — C'est vous qui avez coupé le fil du télégraphe? — lui demanda l'officier qui présidait.

» — Oui, c'est moi.

» — Avec quoi?

» — Avec ceci, répondit le jardinier en montrant un sécateur qu'il tira de sa poche.

» — Pourquoi avez-vous fait cela?

» — Parce que vous êtes l'ennemi.

» — Promettez-vous de ne plus recommencer?

» — Je ne ferai pas cette promesse, — dit sans hésitation François Debergue avec un énergique signe de dénégation de la tête.

» — Pourquoi donc?

» — Parce que je suis Français.

» Des voisins, des amis, offrirent de payer pour lui une rançon de dix mille francs; mais le jardinier refusa.

» — Je ne veux pas qu'il soit rien dépensé

pour moi, dit-il. Ce serait de l'argent perdu ;
je recommencerais le lendemain. »

Et François Debergue ne cessait de répéter :

— « Je suis Français, et je fais mon
devoir. »

Sept jours plus tard, le 26 septembre, à
quatre heures du soir, Debergue, en habits
de travail, les mains liées derrière le dos,
était attaché au tronc d'un pommier dans le
champ du sieur Lainé, dans le haut de Bougival. Impassible, le vieux patriote s'était
rendu d'un pas ferme au lieu de l'exécution.

— Avez-vous quelque chose à réclamer ?
lui demanda le commandant du peloton qui
allait le fusiller.

— Qu'on m'enterre à côté de mon frère, lui
répondit Debergue.

Et l'humble héros tomba percé de dix-
neuf balles tirées à quatre mètres de distance. (1)

(1) Voir la gravure, (page 113).

XVIII

Je ne puis résister à la tentation de rappeler sous une autre forme, l'héroïque conduite
du jardinier de Bougival. J'en ai lu quelque
part la relation sous ce titre : UN GLORIEUX
ANNIVERSAIRE.

« Sur la route qui conduit de Bougival à la
Celle-Saint-Cloud, ou plutôt sur la gauche de
celle-ci, se trouve un monument qu'il est
impossible de regarder sans tristesse et sans
un légitime orgueil. C'est une colonne d'as-
pect simple, sur un socle où la piété du souvenir porte, chaque année, des rubans trico-
lores, des couronnes et des fleurs.

» Parmi les monuments commémoratifs
élevés, un peu partout aux environs de Paris,
à la mémoire de la guerre 1870-1871, il n'en
est pas qui rappelle rien de plus simplement
grand.

» Trois noms y sont gravés dans la pierre,
autant qu'il m'en souvient ; mais, j'ai retenu
celui du vieux jardinier Debergue que les

Prussiens fusillèrent dans les premiers jours de l'investissement de la capitale, le 26 septembre 1870.

» C'est dans l'adversité, dans les jours de malheur, que le patriotisme accomplit les plus réels prodiges. Ceux qui marchent avec le succès n'ont pas grand mérite à se dire patriotes, quand il n'y a plus, pour eux, ni efforts à faire, ni difficultés à vaincre. L'héroïsme même du champ de bataille peut s'expliquer par l'entraînement, par une sorte d'ivresse ou de folie qui suppriment toute réflexion et font accomplir parfois des exploits presque inconscients.

» Mais le patriotisme de la défaite, l'héroïsme réfléchi en présence d'un ennemi victorieux et impitoyable que l'on sait incapable de toute magnanimité, voilà ce qui est admirable et qui fait de ce simple, mais de ce vrai Français, un homme digne des temps antiques.

» Le monument qui rappelle son nom, et je dirai volontiers sa gloire, est élevé à l'endroit même où le brave tomba sous les balles allemandes.

» C'était un vieux soldat, ancien sous-officier sous la monarchie de Juillet, blanchi sous le harnais, presque trop vieux pour le métier qu'il faisait, et dont chacun, dans le pays, estimait le caractère.

» Et voilà tout simplement ce qu'il fit :

» Une fois Bougival occupé par eux, les Allemands mirent la localité en communication télégraphique avec Versailles. Debergue coupa le fil. Celui-ci rétabli, il le coupa encore; mais il fut pris, traduit devant une cour martiale et condamné à être passé par les armes.

» Je me demande ce qui doit se passer au fond de la conscience des juges chargés de ces sentences-là.

» C'était dur pourtant de fusiller ce vieil homme, coupable d'aimer son pays et de le servir, et la cour martiale eut une sorte de remords. Le fait est si rare qu'il est bon de le noter en passant.

» Des fusils portés par de jeunes soldats ne couchent pas aisément en joue un vieillard, et si la rude discipline n'était là, j'aime à croire que bien des balles s'égareraient, dans de telles circonstances.

» Le plomb, fondu pour les armes de

La jeune femme du malheureux instituteur eut beau se jeter aux genoux
des juges (page 51)

guerre, devrait répugner à de telles besognes.

» Les ennemis eurent alors une sorte de fausse honte et promirent la vie sauve à Debergue, s'il voulait s'engager à s'abstenir de toute tentative ultérieure.

» Il refusa : une telle promesse étant au-dessus de ses forces de patriotes...

» Alors, il n'y eut plus qu'à exécuter la sentence, et on l'exécuta!.....

» C'est là, à un quart d'heure de la Seine, dans un des sites les plus riants des environs de Paris, que mourut stoïquement le vieux jardinier Debergue, à la fin de ce beau mois de septembre 1870, qui ne faisait point prévoir un hiver aussi dur et aussi terrible.

» On a raconté, depuis lors, bien des actes d'héroïsme de cette guerre néfaste : on a eu raison, car c'est en rappelant de tels faits et en écrivant de telles légendes que l'on peut espérer réchauffer les cœurs engourdis.

» Je ne sais rien, je n'ai rien lu de plus simplement beau que cela. C'est la protestation la plus éloquente qu'il soit possible d'imaginer contre l'invasion victorieuse, faite par un fils du sol, par un simple dont le cœur s'élève et domine les circonstances, par un Français dans lequel s'incarne l'âme de la patrie et qui, à lui tout seul, veut faire et fait quelque chose de très grand. »

Un mois plus tard, sur le même emplacement, les Allemands fusillent encore deux hommes, deux ouvriers, qui avaient eu l'audace de faire le coup de feu contre eux dans le combat de la Jonchère. On trouvera leur nom sur le socle du monument de Bougival.

En recueillant soigneusement, — ce qui ne serait pas impossible, — les faits de même nature qui se produisirent sur tout le sol envahi, depuis Wissembourg jusqu'à Buzenval, on composerait un *Livre d'or* tout à l'honneur nationale et qui, répandu à des milliers d'exemplaires, laisserait dans les jeunes esprits des traces profondes, et plus tard, sans aucun doute, susciterait bien des émulations.

Quoi de plus beau que la fin de ce vieillard héroïque qui pouvait vivre encore et qui, simplement, sans ostentation, sans fanfaronnade, s'est placé en face des fusils allemands et s'est offert en holocauste à la Patrie!

Je défie quiconque a du sang français dans les veines de passer par là sans sentir monter à ses paupières des larmes de gratitude et d'admiration.

XIX

On sait que nos envahisseurs ne se bornèrent pas à emmener en Allemagne, comme prisonniers, rien que des soldats de nos armées.

Notre population civile a fourni, hélas ! elle aussi, son contingent aux forteresses d'outre-Rhin où l'on internait tous les nôtres. Il est bon de le rappeler ici.

Dès qu'une commune était envahie par les Prussiens, elle était forcée de leur payer immédiatement une grosse somme d'argent, à titre de contribution de guerre.

Tant que le paiement intégral n'avait pas été effectué, un certain nombre d'habitants de la commune étaient retenus comme otages : plusieurs fois ces otages furent envoyés dans les forteresses allemandes, en compagnie de nos prisonniers de guerre, ainsi que quelques-uns de ceux qui, soupçonnés d'avoir caché des armes, avaient eu la bonne fortune de ne pas être immédiatement fusillés.

Ce fut de la sorte que trente-sept habitants de Bricy, petite commune du Loiret, furent arrêtés et envoyés en Allemagne, sans soupçonner même la cause d'une pareille rigueur.

Parmi eux se trouvait l'instituteur, M. Fautras, qui, sous le titre de *cinq mois de captivité*, a publié le navrant récit des souffrances endurées par tous ces malheureux. Plusieurs ne purent les supporter et en moururent.

« Au départ (pour l'Allemagne), raconte M. Fautras, les prisonniers, au nombre de quarante-huit, furent entassés à coups de poing et à coups de pied, dans un wagon à bestiaux dont on n'avait pas même retiré le fumier. Les hommes, pressés les uns contre les autres, ne pouvaient s'asseoir ni même faire le moindre mouvement. Le manque d'air en fit tomber quelques-uns. Enfin, poussant des cris de désespoir, au moment d'être asphyxiés, des prisonniers firent sauter des planches en appelant au secours. Mais les soldats frappaient à coups de crosse : défense absolue de parler, défense de se plaindre.

« Lorsque le train s'arrêtait, personne ne pouvait descendre, même pendant les temps d'arrêt, souvent très longs. Un vieillard à cheveux blancs, courbé par l'âge, était parvenu à se faire une petite place dans le coin d'un wagon ; il s'y coucha tout accroupi et resta dans cette position pendant deux jours et deux nuits, ne prenant aucune nourriture : ses compagnons de captivité s'approchaient souvent de lui pour le secourir, craignant à chaque minute de le trouver mort ; mais les gardiens s'en souciaient peu.

« La nuit qui précéda l'arrivée à Francfort, deux prisonniers, Jacques Pinot, de Bricy, et Eugène Gigou, d'Ingré, l'un âgé de soixante-dix ans, l'autre de cinquante-cinq, donnèrent des signes d'aliénation mentale. Ils appelaient leurs femmes et criaient à tue-tête qu'on leur rendît les clefs de leur maison. Au petit jour, la folie sembla se calmer. Un dés soldats allemands, pour faire taire

Gigou qui criait encore, le frappa de son fusil; le malheureux, sous l'empire de la fièvre et par un instinct de vengeance bien naturel, mordit le soldat à la main droite.

» La rage des gardiens fut poussée à son comble; ils s'emparèrent des deux pauvres fous, leur enlevèrent les casquettes et les chaussures, puis, leur ayant attaché les pieds l'un à l'autre et lié les mains derrière le dos, ils les couchèrent sur le plancher du wagon en les frappant à coups de plat de sabre, et les piquant avec la pointe de leurs baïonnettes.

» Enfin, ils les mirent en joue, le canon sur la gorge. Leurs compagnons fermaient les yeux et se bouchaient les oreilles pour ne pas voir ce supplice et ne pas entendre ces cris déchirants.

» On ne reconnaissait plus, en ces deux martyrs, de figure humaine; ils étaient raides sur la planche; leurs pieds et leurs mains étaient coupés par les cordes qui les retenaient, leurs vêtements déchirés, souillés de sang et de fumier, leurs cheveux arrachés, leurs visages ensanglantés, appuyés sur le bois du wagon, ne présentaient plus qu'une

immense plaie, affreuse à voir; une bave
épaisse et sanguinolente s'échappait de leurs
bouches qui étaient, ainsi que les narines et
les plaies, garnies de fumier attaché au sang
des blessures.

« Les gardiens, installés sur un banc, près
de l'ouverture du wagon, ne laissaient à personne le droit de venir respirer un peu d'air.
Ils faisaient circuler entre eux une bouteille
d'eau-de-vie qu'ils remplissaient aux diffé-
rentes stations : aussi étaient-ils constamment ivres. Le sergent allemand qui les
commandait se faisait remarquer par sa férocité aussi bien envers ses hommes qu'envers les prisonniers. Malheur à celui de ses
soldats qui fermait les yeux pendant quelques
instant ! Un vigoureux coup de poing, appliqué sur la figure, le rappelait à son
devoir.

« Le lendemain, pendant toute la journée
du 21 octobre 1870, à chaque station, à
Gotha, à Weimar, à Leipzig, on ouvrait la
portière du wagon pour donner les prisonniers en spectacle à la foule; alors, la popu-
lace, furieuse, envahissait les marche-pieds
du wagon, frappait de coups de pied les pri-

sonniers en les appelant bandits, voleurs, pourceaux!

« Enfin, on arriva le 22 octobre à Stettin, après dix jours de voyage, vers deux heures du matin; c'était le lieu d'internement désigné pour tous ces malheureux. Les deux pauvres fous, quand on leur délia les mains et les pieds, pouvaient à peine se soutenir; la tête découverte, le visage déchiré, les pieds nus, ils tremblaient sous une bise glaciale. Se traînant difficilement, dans les rues de cette ville ennemie, loin du pays de France, sans moyens, sans espoir de fuite, ils cherchaient encore, pauvres insensés, à quitter les rangs! Les gardiens allemands les y ramenaient à coups de crosse.

« Leurs souffrances n'étaient pourtant pas finies; reconnus tous les deux coupables de révolte, ils furent condamnés à la prison par le commandant de place de Stettin. »

Le malheureux Eugène Gigou ne put supporter jusqu'à la fin cet excès de rigueur et de mauvais traitements : La mort ne tarda pas à lui apporter la délivrance!.....

XX

Comme nous venons de le constater à maintes reprises, les Allemands on été d'une cruauté révoltante pendant toute la durée de la campagne.

Ainsi que l'a fort excellemment écrit M. G. Martiny de Riez (1) « les résistances que l'invasion a provoquées dans les populations françaises ont fait naître en eux une haine nouvelle et de seconde formation ; ils s'en sont vengés par le fer et le sang.

» Rien n'a été saint pour eux ; chaque article du droit des gens a été par eux violé.

» Ils ont pillé les villes et y ont mis le feu après avoir versé du pétrole sur les portes et les boiseries des maisons.

» Ils ont déclaré qu'ils ne reconnaîtraient pas les francs-tireurs, et ceux-ci ont été l'objet des représailles les plus cruelles. Un général allemand publia un ordre du jour

(1) *Histoire de la guerre 1870-71.*

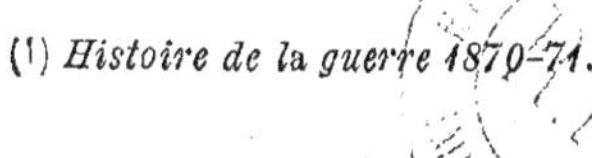

7

qui ordonnait que tout individu trouvé dans un bois fût traité en franc-tireur, c'est à dire fusillé.

» Ils ont été plus loin encore, et les villages, comme les villes, ont été tenus responsables des opérations des francs-tireurs, et il a suffi qu'une poignée de ces derniers se montrât dans le voisinage d'une localité pour qu'elle fut incendiée !

» La déclaration de ne pas vouloir reconnaître les francs-tireurs était une violation flagrante des lois de la guerre, car nous ne croyons pas qu'il ait jamais été établi que les défenseurs d'un pays devaient être vêtus d'une façon plutôt que de telle autre, et les combattants reconnus par le gouvernement auquel on fait la guerre ont le droit d'être traités comme belligérants.

» Ils ont été obligés cependant, un jour, de ménager Châtillon-sur-Saône, où ils avaient tué environ deux cents hommes et leur avaient fait autant de prisonniers. C'est que le colonel des francs-tireurs, Ricciotti Garibaldi, leur avait donné de bonnes raisons pour ménager cette petite ville.

» Le fils de Garibaldi avait écrit au com-

mandant des forces prussiennes à Châtillon
la lettre suivante :

» On m'informe que vous menacez les ha-
» bitants de la ville de Châtillon de repré-
» sailles que vous dites motivées par l'attaque
» des francs-tireurs, le samedi 19.

» Je ne sache pas que jamais une victoire
» acquise par la bravoure d'un corps régulier
» puisse autoriser de telles exactions.

» Une bonne fois, faites donc la guerre
» légalement et non en Vandales qui ne rêvent
» que pillage.

» Menace pour menace : si vous avez l'in-
» famie de mettre à exécution votre odieux
» projet, je vous donne l'assurance que je
» n'épargnerai aucun des 200 Prussiens que
» vous savez être entre mes mains.

» Le colonel,

» R. GARIBALDI. »

« Le commandant prussien savait que le
colonel Ricciotti Garibaldi tiendrait parole,
et Châtillon fut épargné. Ce fut une excep-
tion.....

» Tout village coupable de s'être défendu

était mis au pillage et incendié, et les habitants devaient s'estimer heureux si on ne les
fusillait pas.

» Les atrocités qu'ils ont commises dans
certains pays seraient incroyables si elles
n'étaient attestées par des personnes de la
plus parfaite honorabilité et entièrement dignes
de foi. Ainsi, M. le duc de Fitz-James,
délégué de la *Société internationale de secours
aux blessés*, qui a visité Bazeilles, a, dans une
lettre adressée au *Temps*, décrit ainsi ce qui
s'est passé dans cette commune :

» Les Bavarois et les Prussiens, pour pu-
» nir les habitants de s'être défendus, mirent
» le feu au village. La plupart des gardes
» nationaux étaient morts, la population
» s'était réfugiée dans les caves ; femmes,
» enfants, tous furent brûlés. Sur deux mille
» habitants, trois cents restent à peine, qui
» racontent qu'ils ont vu des Bavarois re-
» pousser des familles entières dans les
» flammes et fusiller des femmes qui avaient
» voulu s'enfuir. J'ai vu de mes yeux vu, les
» ruines fumantes de ce malheureux village :
» il n'en reste pas une maison debout. Une
» odeur de chair humaine brûlée vous prenait

» à la gorge. J'ai vu les corps des habitants
» calcinés sur leur porte. »

« A Strasbourg, ils ont forcé les paysans
de l'Alsace à creuser des tranchées d'où les
boulets allemands frappent et incendient la
ville.

» Ayant été attaqués dans les environs de
Mézières, près de Mantes, par des francs-
tireurs qui leur enlevèrent des provisions
qu'ils venaient de requérir dans cette ville, les
uhlans reviennent et jettent des bombes incendiaires sur cette petite commune qui ne
fut bientôt plus qu'un immense foyer dont
les flammes s'apercevaient à plus de vingt-
quatre kilomètres à l'entour...

» Il n'y a pas une commune où des crimes
n'aient été commis par ces misérables. Tout
ce qu'ils n'ont pas volé, ils l'ont brûlé, brisé
ou détruit ; ils ont fait du feu avec des bois de
lit, des meubles en acajou ; ils ont brisé les
glaces, lacéré des portraits de famille ; dans
les environs de Paris, toutes les maisons ont
été complètement déménagées. C'est une dévastation complète.

» A Garches, à Saint-Cloud, à Sèvres, à Bougival, toute la population qui y était restée a

été enlevée de vive force et emmenée à Versailles sans pouvoir rien emporter : leur mobilier a été pillé et détruit.

» Ils volent sans scrupules, ouvertement; ils ne s'en cachent pas, ils l'avouent même hautement : à Versailles, des officiers supérieurs, des généraux, laissaient voir à qui voulait s'en donner la peine, des objets d'art, pris dans les maisons de campagne des environs.

» Les porcelaines qui étaient restées à la manufacture de Sèvres ont été enlevées et soigneusement emballées dans des caisses qui portaient sur les étiquettes les noms du *prince royal*, du prince de Reuss, du duc de Saxe, du prince de Wurtemberg, du grand-duc de Mecklembourg.

» Le château de Compiègne a été complètement déménagé : il ne reste ni rideaux, ni bronzes, ni statues.

» Les Prussiens ont également envoyé à Berlin les orangers centenaires qui se trouvaient à Saint-Cloud. »

XXI

Certes, nous savons bien que partout, en tout temps et en tout pays, la guerre a toujours eu ses horreurs.

Nous n'ignorons point que les vainqueurs commettent de terribles excès dans les pays conquis; c'est l'usage de la guerre qui le veut, et c'est pour cela que ceux qui déchaînent un pareil fléau sur l'humanité, par ambition ou par vanité, doivent être considérés comme des monstres, et maudits à tout jamais.

Mais ces excès, quelque terribles qu'ils aient été parfois, sont la plupart du temps, jusqu'à un certain point, explicables par l'enivrement de l'exaltation de la lutte, de la bataille, de l'assaut, dont ils sont la suite immédiate; tandis que, en 1870-71, les envahisseurs, entrant dans des villes ouvertes, sans défense possible, traitaient les habitants et les rançonnaient comme s'ils avaient subi l'assaut, pillaient leurs demeures et les

vidaient méthodiquement de tous les objets
de quelque valeur qu'elles renfermaient;
puis, tous ces objets, pliés, empaquetés et
étiquetés avec le plus grand soin, étaient
non moins méthodiquement expédiés en Allemagne, pour orner, meubler et eurichir à
peu de frais les intérieurs des honnêtes officiers et soldats teutons et poméraniens, pour
qui la guerre devenait une véritable affaire
commerciale. Voilà ce que l'on n'avait
jamais vu jusque-là; voilà ce que nous ne
devons point nous lasser de rappeler et de
faire connaître, car ce sont des faits qu'il
n'est permis, à aucun de nous d'oublier, —
aussi bien que les cruautés sans nombre gra-
tuitement commises pendant toute la durée
de la campagne.

XXII

Nous avons déjà parlé assez longuement
de Châteaudun; les détails abondent sur la
défense de l'héroïque cité et nous allons en
ajouter quelques-uns.

Châteaudun, située sur un coteau élevé, dont le Loir baigne la base, est une des plus jolies villes de France, car elle a été régulièrement reconstruite après l'incendie de 1723, qui la réduisit presqu'entièrement en cendres. Son superbe château, construction du xe siècle, qui ne fut jamais terminée, appartient au duc de Luynes. La tour célèbre, connue sous le nom de tour de Tibault-le-Tricheur, porte à son sommet un chemin de ronde éclairé par de nombreux créneaux.

Défendue seulement, nous l'avons dit, par 1200 hommes, et 24 pièces de canon, la ville de Châteaudun fut attaquée, le 18 octobre 1870, par un corps de 12000 Prussiens.

A midi, l'ennemi ouvre son feu, et ce n'est qu'à neuf heures du soir qu'il pénètre dans Châteaudun criblé par les projectiles allemands. Le gouvernement déclare que Châteaudun a bien mérité de la patrie ; son nom est donné à une rue de Paris pour perpétuer le souvenir de son héroïque résistance.

Le maire de Châteaudun terminait par les lignes suivantes son rapport écrit le surlendemain du combat en présence des ruines de la ville qu'il était fier d'administrer :

« Nos maisons sont en cendres, notre com-
» merce est anéanti, nos fortunes sont dé-
» truites ou gravement compromises, une
» grande quantité de nos habitants sont sans
» asile, sans vêtements et sans pain; toutes
» ces ruines, toutes ces misères sont affreu-
» ses; cependant, elles sont supportées avec
» une résignation admirable par les victimes,
» et nous aurons moins à les déplorer s'il en
» doit sortir un exemple utile, si les popula-
» tions veulent bien enfin comprendre qu'el-
» les ne doivent pas se laisser paralyser par
» le système de terrorisme que la Prusse a
» organisé, et qu'il leur suffit de se soulever
» et de lutter avec énergie pour purger la
» France des armées barbares qui la rava-
» gent depuis trop longtemps. »

Du reste, comme toujours, les femmes de
Châteaudun furent admirables de dévouement; elles relevèrent et soignèrent une
quantité de victimes. Lorsque l'ancienne cité
des comtes de Dunois était en proie à l'incendie, le bruit de la fusillade, avec ses crépite-
ments précipités, venait encore se mêler aux
sanglots des femmes, aux râles des mou-
rants. Ivres de vengeance, les soldats enne-

mis envahissent les maisons, pillent, tuent, massacrent.

Ayant saisi un brave ouvrier, nommé Lépine, ils l'adossent brutalement contre un mur et vont le fusiller. Aussitôt une femme s'élance, et d'un bond se place entre le condamné et ses bourreaux, puis, criant en langue allemande : *grâce!* elle se cramponne à l'officier qui commande le détachement et qui fait d'inutiles efforts pour se dégager de cette étreinte désespérée. L'héroïne, qui pouvait être victime de son zèle, avait sauvé la vie d'un père de famille. Sur l'affirmation énergique qu'il n'était pas franc-tireur, une démarche fut faite, par l'officier prussien, auprès du commandant qui accorda la grâce de l'ouvrier.

Ajoutons que plusieurs francs-tireurs durent également à cette patriote courageuse, d'échapper à une mort certaine. Ils furent cachés et nourris pendant plusieurs jours dans la maison des sœurs de la Providence, au risque, par ces dernières, de voir leur demeure pillée, saccagée, et leur personnel maltraité, sinon puni de mort.

Théodore de Banville a consacré à la cité

dunoise les vers suivants que nous sommes
heureux de reproduire :

Châteaudun! qui vois des bourreaux
Où furent des cœurs de lion,
Tu nous parais, nid de héros,
Plus sublime qu'un Ilion.

Comme on fauche des épis mûrs,
Les boulets rougis et fumants
Ont dans les débris de tes murs,
Dispersé tes abris charmants;

Mais tes fils, les chasseurs de loups,
Sont tombés purs et sans remords,
Ils étaient mille, et sous leurs coups,
Dix-huit cents Prussiens sont morts.

Illustre cité (les Romains
Te nommaient ainsi) par tes fils,
Tu renaîtras! par tes chemins
On entendra, comme jadis,

Dans tes arbres en floraison
L'alouette éveiller l'écho :
La devise de ton blason
Dit : *Extincta revivisco!*

Mais froid cadavre au pied des tours,
Parmi les décombres mouvants,
Fouillé par le bec des vautours,
Et cendre abandonnée aux vents,

Tu resplendis! patrie en deuil,
Qui devant le destin moqueur
Moins obstiné que ton orgueil,
Portas la France dans ton cœur!

Car tes défenseurs belliqueux
Frémissant d'indignation,
Laissant à de plus lâches qu'eux
L'ignoble résignation;

Voulant tous, d'un esprit têtu,
Que ton beau renom pût fleurir,
Ils eurent la mâle vertu
De tuer avant de mourir.

Et rien ne vaut le fier sommeil
De ces soldats placés en rang
Sur la terre nue, au soleil,
Qui dorment couchés dans leur sang.

XXIII

Nous détachons du bel ouvrage « *La troi-sième invasion* » par M. *Eugène Véron*, les lignes suivantes qui ne seront pas déplacées à la fin de cet opuscule :

« Parmi les incendies de Bazeilles, plu-sieurs, sans doute, ont été allumés le pre-mier jour, par les obus destinés aux troupes françaises. S'il n'y en avait pas eu d'autres, Bazeilles pourrait déplorer les misères et les horreurs de la guerre, mais il n'aurait pas à accuser les Bavarois d'avoir commis un crime exceptionnel de lèse-humanité.

» Malheureusement, il est loin d'en être ainsi. Les Bavarois, une fois maîtres de Ba-zeilles, se sont acharnés sur lui avec une férocité implacable, avec un acharnement de cannibales. La moitié du village brûlait, des rues entières étaient détruites; ils ont trouvé que ce n'était pas assez. Froidement, résolu-ment, par ordre, ils ont mis le feu aux mai-sons que le fléau avait épargnées. Des malheureux, des femmes, des enfants, effarés de terreur, s'étaient réfugiés dans les caves pour échapper à ces orgies de bêtes féroces : les Bavarois les frappaient, les massacraient pour le seul crime de s'être cachés.

» Et il ne s'agit pas ici d'un moment d'entraînement, d'une de ces ivresses de colère qui peuvent s'emparer pour quelques instants d'une troupe effrayée ! Non, ce qui fait l'originalité et l'horreur du crime de Bazeilles, c'est qu'il a été voulu, prémédité, concerté. L'incendie de Bazeilles, le massacre de ses habitants, ont été le résultat d'une sentence prononcée froidement par les chefs de l'armée et exécutée avec la plus odieuse férocité par les soldats.

Depuis, ils ont essayé de nier. Quand ils ont entendu le cri de réprobation qui s'est élevé de toute l'Europe, quand ils ont vu que leur vengeance n'inspirait partout que l'horreur, quand ils ont commencé à comprendre que le souvenir du crime de Bazeilles resterait lié à leur nom, comme une tache ineffaçable, dont peut-être un jour il leur serait demandé compte, alors ils ont cherché des atténuations ; ils ont allégué les emporte-

ments d'une soldatesque irritée ; ils ont accusé
les obus français et allemands ; ils ont tenté
tous les moyens d'échapper à la responsabi-
lité de leur forfait.

» Malheureusement pour eux, et heureu-
sement pour la justice, nous avons des témoignages qui ne permettent pas d'accueillir
ces justifications et, des témoignages qui ne
peuvent être récusés, car ces témoignages
émanent des Bavarois eux-mêmes..... »

Et comme première preuve de ce qu'il
avance, l'auteur cite une chanson composée
par les soldats Bavarois, pour rappeler le
souvenir de leurs exploits, « lorsque la mora-
lité allemande ne se doutait pas encore que
ces exploits étaient des crimes. »

« Le commentaire de cette chanson se
trouve dans les journaux de Berlin.....

» Un autre témoignage non moins signifi-
catif résulte d'une communication faite par
l'autorité prussienne au commissaire de police de Sedan. Quelques Anglais, émus de
la dévastation de Bazeilles, avaient pris l'initiative d'une quête et d'une distribution de
secours pour les malheureux habitants, dont
la plupart étaient sans asile et sans pain. »

L'humble héros tomba percé de dix-neuf balles tirées à quatre mètres
(page 83)

Le gouverneur de Sedan expulsa les promoteurs de cette œuvre de charité et interdit la quête par une lettre au commissaire de police dans laquelle on relève le passage suivant : « Je vois dans cet acte un blâme et une fausse interprétation de la *sentence* exécutée contre ce village *en vertu des lois de la guerre*. »

« Nous avons encore, ajoute M. Véron, le témoignage du général Von der Tann lui-même. Le vendredi 2 septembre, un grand nombre d'habitants de Bazeilles, hommes et femmes, les mains liées derrière le dos, furent amenés à Angecourt, au milieu des Bavarois qui les conduisaient. Puis, sans même les interroger, on les renvoya à Bazeilles pour être jugés par un conseil de guerre. Ce conseil était établi sur le chemin qui conduit de Bazeilles à Daigny, entre le parc de Montvillers, et la propriété Beurmann, dans laquelle on plaça les prisonniers. De nombreux soldats les entouraient ; en face d'eux se tenait, l'arme au bras, le peloton qui devait les fusiller. C'est là que le général en chef de l'armée, Von der Tann, président du conseil de guerre, a prononcé ces paroles qui sont sa propre condamnation et qui d'avance démentent toutes les justifications essayées par les écrivains allemands :

« *Sachez-le bien*, dit-il, *toutes les villes et les* » *villages dont les habitants tireront sur nos* » *troupes seront brûlés comme Bazeilles.* »

« Le fait est donc absolument incontestable : Bazeilles a été brûlé par ordre. Quel est le motif de cette cruauté? « Les habitants de Bazeilles ont tiré sur nous », disent les Bavarois. La chose serait vraie qu'elle ne saurait excuser le crime des Allemands. Au nom de quel principe pouvait-on refuser à une population envahie le droit de se défendre, de repousser l'envahisseur? On conçoit qu'une politique de conquête cherche à faire prévaloir une théorie si commode, mais la conscience humaine la repousse. Jamais on ne parviendra à faire regarder pour un criminel l'homme qui, même en face de l'ennemi triomphant, refuse de prendre la force pour le droit et qui s'expose à la mort pour défendre sa patrie, sa famille, sa maison. Le patriotisme, pour être légitime, n'a pas besoin d'uniforme. Tout soldat étranger qui met le pied sur le sol de la patrie doit, par cela seul, s'attendre à trouver autant d'ennemis que d'habitants, et ne doit pas avoir besoin, pour se tenir sur ses gardes, d'être averti par la couleur ou la coupe des vêtements.

» Quand même il serait prouvé que les habitants de Bazeilles auraient répondu par des coups de fusil aux coups de canon des Bavarois, cela ne donnait aux Bavarois aucun droit de massacrer, de piller, d'incendier comme ils l'ont fait.

» Mais il y a plus. Les habitants de Bazeilles n'ont rien fait de ce que leur reprochent les Bavarois. La vérité, la voici :

» Le dimanche 28 août, le maire de Bazeilles avait reçu de l'arsenal de Sedan 80 fusils à piston. Les gardes nationaux du village furent appelés à la mairie pour y être armés et pour recevoir des cartouches. On en donna *une* à chacun.

» On venait d'apprendre que des uhlans étaient venus de Stenay jusqu'à Mouzon. Les gardes nationaux de Bazeilles résolurent de faire une reconnaissance du côté de Douzy. C'est ce qu'ils firent en effet. Ils furent reçus avec acclamations à Douzy, puis ils revinrent à Bazeilles, sans avoir vu l'ennemi.

» Mais eux, ils avaient été vus, et le général Von der Tann avait été averti de cette démonstration coupable des habitants de Bazeilles. La grande terreur, en effet, des Allemands était que les habitants des villes et des campagnes ne prissent part à la défense. Ils voulaient n'avoir à faire qu'aux troupes régulières. De ce côté, ils se croyaient sûrs de la victoire, grâce à la supériorité de leur nombre et à leur organisation. Mais si les paysans s'en mêlaient, si les campagnes s'armaient, coupaient les convois, harcelaient les corps isolés, la situation pouvait devenir grave pour une armée dont l'objectif était Paris, qui par conséquent devait un moment ou l'autre se trouver à une centaine de lieues de sa base d'opérations.

» Aussi étaient-ils décidés à être sans pitié pour quiconque donnerait l'exemple de ces résistances locales dont la seule pensée les épouvantait.

» Il est vrai que l'arrivée de l'armée française avait rendu bientôt inutiles les quatre-vingts fusils à piston des braves gardes nationaux de Bazeilles. Après leur expédition de Douzy, ils étaient rentrés tranquillement chez eux et avaient laissé aux soldats le soin de repousser l'ennemi.

» Mais le seul fait de s'être promené en armes sur la grande route de Bazeilles à Douzy était d'un mauvais exemple. C'était par conséquent un crime qui ne pouvait rester impuni.

» Là, est la raison principale, la cause déterminante de l'incendie de Bazeilles. Il fallait faire peur à quiconque serait tenté de joindre ses efforts à ceux des défenseurs *officiels* du pays, il fallait supprimer d'avance la défense locale.

XXIV

» A cette raison générale, dit encore M. Véron, s'en ajoutent quelques autres qui tiennent des circonstances particulières..... Le commandant Lambert nous apprend que, le 31 août au soir, après que les Bavarois eurent été forcés de repasser la Meuse, il fit cacher le bataillon qu'il commandait, et fit tirer sur l'ennemi par quelques hommes isolés. Un de ces coups de feu atteignit un major bavarois. Les Allemands, n'ayant pas aperçu les soldats, qui étaient cachés, on put supposer que ces coups de fusil avaient été tirés par les gens de Bazeilles.

» Un autre fait du même genre se produisit le lendemain. Un général allemand était venu dans une auberge, qui est située sur une petite place, à l'embranchement de la grande route et du chemin de la prairie, et où se trouvaient un grand nombre de blessés allemands. Au moment de sortir de cette maison, le général commanda au maître de l'auberge de lui amener son cheval jusqu'au milieu de grande route. L'aubergiste obéit, tint l'étrier au général qui monta à cheval; puis il s'éloigna pour rentrer chez lui.

» A peine eut-il fait quelques pas, qu'il entendit un coup de fusil. Il se retourna. L'officier bavarois était renversé mort sur son cheval. Le coup était parti d'une maison appelée Collard, où s'étaient retranchés des soldats français.

» Mais les soldats bavarois voyant tomber

leur chef, et n'apercevant dans la rue que l'aubergiste, se jetèrent sur lui, furieux, le frappèrent à coups redoublés et l'attachèrent avec une chaîne à l'étrier d'un cheval. On l'entraîna ainsi à Douzy, puis on le ramena à Bazeilles, pour le reconduire une seconde fois à Douzy. « Ma tête se perdait, racontait-il quelques jours plus tard, et je n'avais plus aucun espoir d'échapper à la mort...... »

Le malheureux aubergiste fut ensuite attelé à une petite voiture sur laquelle était couché un turco blessé; on l'obligea, au milieu des injures et des coups, à traîner le véhicule jusqu'à Mouzon. A Beaumont, on l'enferma la nuit dans une carrière. Sans doute, ensuite, les bourreaux le dirigèrent sur la Prusse, car depuis, on n'a jamais entendu parler de lui...

« On sait d'ailleurs, continue l'écrivain auquel nous empruntons ces détails, que, dans la série des assauts qu'ils furent obligés de livrer à Bazeilles, avant d'en rester maîtres définitivement, les Bavarois subirent des pertes énormes. On est convaincu dans le pays qu'il y eut trois Bavarois tués pour un Français.....

« Ajoutons de plus que, en dépit de la discipline tant vantée des armées allemandes, il résulte des témoignages les plus concordants que, le soir du 1er septembre, un grand nombre de soldats bavarois étaient complètement ivres. Faut-il accuser la fatigue, la chaleur et la longue abstinence qu'avait imposée aux combattants l'acharnement des retours offensifs de nos soldats? On sait, en effet, que, dans ces circonstances, il suffit de bien peu de chose pour troubler les têtes les plus fermes. Faut-il croire que les chefs aient volontairement fermé les yeux sur des excès qui étaient peut-être nécessaires pour faire accepter sans murmurer à des soldats la besogne de cannibales qu'on leur réservait?

» Nous l'ignorons; mais ce que l'on sait, c'est que la bataille à peine terminée, dès que les Bavarois se sentirent à l'abri de tout retour offensif, les uns se mirent aussitôt à massacrer, à fusiller les habitants qu'ils rencontraient ou qu'ils trouvaient dans les caves, tandis que les autres, inondant de pétrole les maisons qui avaient échappé à l'incendie, y mettaient le feu et brûlaient dans leurs lits les malades, ou dans leurs caves les malheureux qui avaient cru y trouver un refuge. Ils ramassaient toutes les femmes qu'ils pouvaient découvrir; ils les réunissaient en troupes et les chassaient devant eux autour du village embrasé, avec leurs enfants qui s'attachaient à leurs robes en poussant des cris d'effroi; puis, ils les forçaient de se mettre à genoux, en rang, et les couchaient en joue comme pour les fusiller. Et ce jeu cruel, ils le renouvelèrent dix fois. S'il leur restait encore cette dernière pudeur de ne pas oser fusiller des femmes et des enfants, au moins voulaient-ils qu'ils n'échappent à la mort qu'après en avoir subi toutes les tortures. Plusieurs même ont été blessés. Nous avons vu une femme qui, pour avoir voulu retenir son mari entraîné par les Bavarois, fut frappée d'une balle à bout portant. Pour lui arracher son mari qu'ils tenaient à fusiller, ces braves gens ne trouvaient rien de mieux que de commencer par tuer la femme. Elle n'en est pas morte, il est vrai; la balle dirigée dans le bras fut arrêtée à l'os, et ne put pénétrer dans le corps, mais il n'y a rien de la faute du Bavarois que d'avoir mal visé, et l'intention était suffisamment manifeste.

» Enfin, les chiffres suivants donneront une idée précise des procédés bavarois. La population de Bazeilles était de 2,048 habitants. Sur ces 2,048, plus de la moitié s'enfuit dès le commencement de la bataille dans les villages voisins. Or, sur les 800 ou 900 qui sont restés, il en est mort 188, c'est-à-dire le cinquième, les uns fusillés ou sabrés immédiatement par les Bavarois, les autres à la suite de mauvais traitements de toute nature. Et tout cela, non pas pendant la lutte, mais bien après, quand les ennemis étaient maîtres du village, et que personne ne résistait plus. Nous avons longuement insisté sur cet horrible épilogue de la bataille de Sedan parce qu'il montre mieux que tout autre comment les Allemands comprennent la guerre. »

SUPPLÉMENT

NOBLE FEMME

La ville de Schlestadt est une place forte située en quelque sorte au cœur de l'Alsace; Mademoiselle Weick était chargée depuis trois ans, de la gestion du bureau télégraphique, lorsque éclata la guerre. Le bureau étant devenu très important depuis le premier mois de cette année, un aide lui avait été adjoint.

A la nouvelle des revers de Vissembourg, Wœrth et Reischoffen, une panique insensée se répand dans la ville; les habitants sont affolés, les dépêches abondent, Mademoiselle Weick et son aide ne quittent plus l'appareil.

Le sept août, l'alarme augmente encore, l'armée allemande va passer le Rhin, elle marche sur Schlestadt..... les Prussiens débarquent au Lembourg..... tous fuient en

emportant leurs objets les plus précieux;
l'aide de Mademoiselle Weick la quitte pour
se réfugier dans sa famille. La jeune bu-
raliste reste seule, et les dépêches se multi-
plient sans cesse.

L'investissement de Strasbourg fait fuir
les retardataires; on commence les travaux
de défense; on dépave les rues, on fait sauter les maisons, qui, autour des remparts,
gênent le tir de la place. Le canon tonne; le
télégraphe ne cesse de marcher. Mademoiselle Weick est à son poste, sentant grandir
son courage avec le danger; en vain lui con-
seille-t-on de s'éloigner.

Cependant, le bureau est adossé au rempart, exposé au feu de l'ennemi; on veut le
mettre à l'abri de la bombe, mais le temps
manque, et les dépêches arrivent toujours
plus pressées. Le désastre de Sedan frappe
Mademoiselle Weick au cœur; son énergie
redouble. Un autre aide lui arrive de Colmar;
mais, il ne peut tenir et quitte la place avant
le complet investissement.

Le 10 octobre, le siège commence; le bureau du télégraphe est le point de mire de
l'ennemi; le télégraphe marche toujours; le

fil n'est coupé qu'à quatre heures cinquante minutes. Moment douloureux où l'abattement succéde à l'énergie, mais le sentiment du devoir accompli soutient la jeune fille!...

Après quatorze jours de bombardement, la place dut se rendre; la destruction était complète, le bureau seul était resté debout, les vitres brisées par l'explosion des bombes. Un officier supérieur prussien fait appeler Mademoiselle Weick, lui demande sa caisse et lui offre de servir la Prusse, faisant à cet égard les plus belles promesses. La jeune fille lui répondit que, les dépêches privées ne circulant plus depuis longtemps, elle n'avait rien en caisse; puis elle ajouta, avec autant de simplicité que de patriotisme : « Je suis fille, petite-fille et sœur de militaires; c'est vous dire, Monsieur, que je suis Française et veux rester Française. » L'officier ému la salua avec respect, et lui permit de se retirer.

L'autorité militaire signala la noble conduite de Mademoiselle Weick; son nom fut mis à l'ordre du jour, et après la guerre, on lui donna le bureau de Chantilly, puis de Louvres.

En quittant Schlestadt, Mademoiselle Weick, parvint à soustraire, à travers mille difficultés, quatre caisses de matériel neuf qu'elle remit à l'administration française, avec le montant de sa gestion de Schlestadt.

Par décret du 30 avril 1877, Mademoiselle Weick a été décorée de la médaille militaire. Elle a reçu une couronne civique de la *Société d'Encouragement au bien,* comme témoignage d'admiration et de reconnaissance pour son courage, son dévouement et son patriotisme !

(Honoré ARNOUL)

LE COFFRET REMPLI DE CENDRES

En août 1870, la ville de Strasbourg était encore française. Autour de la flèche gigantesque et merveilleuse de la cathédrale, fourmillaient, près du sol, les toits et pignons de ses logis, hachés par ses rues entrecroisées et par sa rivière aux quarante-sept ponts.

Un corset de remparts bastionnés la serrait aux flancs, défendu lui-même par un fossé qu'au moyen d'écluses, l'Ill, à volonté, emplissait.

Mais, non loin de Strasbourg, passait la guerre avec ses nuées prussiennes chargées de tonnerres.

Après la bataille de Reischoffen, la charge formidable de nos cuirassiers se communiqua en déroute à l'armée, et ce ne fut plus, dos retourné, qu'une charge de fuyards jusque dans les murs de Strasbourg.

Les lignes prussiennes marchaient derrière, nombreuses, impénétrables, impassibles, et la vigie, dans la flèche de la cathédrale, en signalait toujours et sans cesse.

Un cercle de deux cents canons et de cent obusiers cerna bientôt la ville fermée.

L'impitoyable général Werder fit diriger trois boulets sur le Munster. Le premier faucha les colonnes de la lanterne; le second abattit la lanterne; le troisième emporta la croix. Dès lors, l'averse des obus se déchaîna impétueusement. Le jour et la nuit, les obus pleuvaient du faîte des combles au fond des caves. Six cents maisons en décombres brûlaient. Strasbourg n'était plus qu'une mer de flammes.

Dans la rue de la Nuée-Bleue, s'élevait la modeste maisonnette d'un tanneur strasbourgeois. La vie lui avait donné six enfants, une fille et cinq garçons, et la mort lui avait pris sa femme. Sous cette grêle d'obus, écrasant et incendiant, les enfants criaient, terrifiés, autour du père, dont les regards et le silence étaient farouches. Il aimait tendrement ses enfants et adorait follement Strasbourg, la ville de tous ses berceaux et de toutes ses tombes. A la fin, dans la tempête de fer, se trouva une bombe pour la maisonnette. La bombe creva sa toiture et traversa brusquement tous les étages. En un instant, l'incendie flambait, désordonné, de haut en bas.

Le lendemain, la maisonnette de la Nuée-Bleue n'était plus qu'un monceau de cendres. Les enfants avaient été recueillis par une famille charitable, dans sa demeure encore debout, tandis que le père, avec désespoir, se battait aux remparts.

Toutes les péripéties d'un siège forcené se succédèrent jusqu'à ce que Strasbourg capitulât. Strasbourg, au cœur français, fut contraint d'endosser la livrée prussienne. Ses habitants durent opter entre l'annexion ou l'expatriation.

Le tanneur strasbourgeois n'hésita pas. Il s'en alla revoir une dernière fois les ruines de sa maison — cette maison de famille si remplie de souvenirs et d'ombres aimées. Prenant ensuite ses deux plus jeunes enfants par la main et suivi des autres, il partit. Il n'emportait, avec quelques rares effets, qu'un petit coffret en fer qu'il considérait avec une tendre émotion et sur lequel il veillait avec un soin jaloux. La petite famille vint à Paris, au cœur de la chère patrie.

Or, Paris ouvrait maternellement son sein et son cœur à tous les Alsaciens fugitifs. Le tanneur ne tarda pas à trouver de l'ouvrage; et, dans la rue Saint-Martin, occupa un logement exigu, à l'étage des mansardes. Mais, si haut qu'il fût logé, on n'apercevait plus, hélas! comme autrefois, dans l'azur du ciel, l'aiguille de la bonne cathédrale strasbourgeoise. Le mobilier était pauvre et sans souvenir. Seul, le coffret, sur la cheminée, rappelait la maisonnette de la Nuée-Bleue.

La fille du tanneur avait seize ans, et elle était devenue à la fois la ménagère et l'institutrice des cinq petits frères dont l'aîné avait dix ans. Le dimanche, le père restait à la mansarde, et l'on parlait alors de Strasbourg, et l'on pleurait ensemble. On vivait difficilement, mais on ne désespérait jamais.

Arrivèrent 1872, le mois de février et le mercredi des cendres.

Toute cette famille de malheureux Alsaciens était fervente catholique. C'est pourquoi la sœur conduisit ses frères à l'église d'où ils revinrent tous le front signé de cendres.

En rentrant sous leur toit enneigé, ils retrouvèrent le vieux tanneur au regard plus sombre et aux paupières rougies par les larmes.

Silencieusement, il réunit ses enfants autour de lui avec une gravité extraordinaire. Les enfants le considéraient curieux, interrogateurs, pendant qu'il prenait avec piété, sur la cheminée, le mystérieux et précieux coffret de fer. Aucun n'osait souffler mot. Le père fit joindre les mains à ses enfants, puis tira de son sein une petite clef qu'il baisa.

Aux sollicitations de la clef, le coffret s'ouvrit. Il était plein de cendres!

« Mes enfants, leur dit-il, il y a Dieu à adorer dans le ciel, mais il y a la patrie à aimer sur la terre. Le prêtre vient de tracer sur vos fronts une croix avec la cendre de buis béni. Le père maintenant, va vous marquer à son tour des cendres de la maisonnette de Strasbourg. Hélas! voilà tout ce que j'ai pu emporter d'elle! »

Et prenant avec émotion une pincée de la cendre dans le coffret, il traça sur le front de tous ses enfants un S, en répétant chaque fois et à voix haute et forte :

« *Memento!* Souviens-toi que tu as quitté, Français, la terre d'Alsace et que tu dois retourner, un jour, dans l'Alsace française.

La voix du père était tremblante et ce tremblement semblait communiquer un frisson aux enfants. Ils aimaient aussi Strasbourg.

Le père continua :

Chaque année, en ce mercredi des cendres, anniversaire de tristesse et d'humilité, je vous ferai ressouvenir de la douleur que nous ne devons jamais dépouiller, de la prière que nous ne devons jamais nous lasser de répéter, de l'espérance que nous ne devons cesser d'entretenir. »

La voix du vieux tanneur vibrait avec une énergie d'accent et une solennité d'expression qui firent étinceler les prunelles des enfants et tressaillir quelque chose dans leur poitrine.

Il leur ordonna alors de se signer avec lui ; puis, leur ayant présenté le coffret refermé, il le déposa sur la cheminée.

Tous gardaient le silence, et tous eurent, jusqu'au soir, des larmes dans les yeux et dans le cœur.

Depuis 1872, onze ans se sont écoulés. (1) Les enfants ont grandi. Deux sont déjà sous les drapeaux : l'un en conscrit, l'autre en volontaire.

L'âge venu, les autres iront rejoindre leurs frères. En attendant, chaque mercredi des cendres, l'Alsacien marque à l'initiale de la ville de Strasbourg, le front des enfants qui restent encore à son foyer.

(1) Ces lignes étaient écrites en 1883

LE COMBAT D'ORLÉANS

11 octobre 1870

Il est deux heures. C'est le moment où l'attaque des ennemis devient la fureur, la résistance des Français, l'héroïsme.

La bataille était dès lors dans Orléans. Les canons bavarois bombardèrent bientôt les Aydes et le faubourg Bannier. On voyait les fantassins ennemis qui se glissaient le long des arbres et dans les fossés. Un feu terrible éclata sur eux : la légion étrangère était là.

Etrange histoire que celle de toutes les vies que, devant les murs d'Orléans, la légion étrangère venait donner à la France comme à une patrie préférée. Ces hommes intrépides qui nous défendaient alors, ils étaient nés sur toutes les terres du monde : beaucoup parlaient à peine la langue du pays pour lequel ils répandaient leur sang.

Gens de cœur et gens d'aventure, exilés ou désœuvrés, tous étaient soldats avec passion ou par métier. Quelques-uns, c'était la haine de nos ennemis qui les avait attirés; d'autres, c'était l'honneur de nos armes, l'orgueil d'entrer dans les rangs d'un peuple fameux par la guerre.

Autrichiens, Suisses, Belges, Valaques, Espagnols, Italiens, enfants de toutes les nations, se battaient comme des Français pour la glorieuse et pauvre France. Quels qu'ils fussent, tous suivaient avec amour le drapeau de la France; et, j'ai hâte de le dire pour rendre hommage à leurs morts, ils ont été dignes de lutter et de tomber dans une si noble défaite, sous les plis d'un drapeau si longtemps victorieux.

Nous l'avons dit, il était alors deux heures. Les Bavarois, sans doute, croyaient à un triomphe facile et prochain; mais le combat allait devenir terrible et durer jusqu'à la nuit.

Le commandant Arago n'avait point d'ordres. Pour lui et ses officiers, il ne s'agissait que de se tenir là, d'arrêter l'ennemi et de se faire tuer. Il était homme à comprendre son

devoir. A pied, debout au milieu de la chaus-
sée, une canne à la main, fumant sa ciga-
rette, il paraissait tranquille sous les balles
et les boulets qui convergeaient et s'engouf-
fraient pour ainsi dire, dans la rue. Mais,
sur son pâle visage, ceux de ses officiers qui
le connaissaient bien, devinaient l'amère
tristesse qu'il éprouvait à voir, abandonné
devant l'ennemi, tous ces hommes dont beaucoup déjà couvraient autour de lui, la rue de
leurs cadavres. Il se tordait les moustaches :
il était inquiet. Cependant, les soldats l'enten-
daient crier :

« Courage, mes amis ! En avant ! »

Ils l'apercevaient, fier et bravant la mort ;
souvent ils allaient lui dire :

« Mon commandant, prenez garde à
vous ! »

On l'engageait à se rapprocher des murs :
Arago écoutait, remerciait d'un geste et restait à sa place, suivant du regard et l'ennemi
et ses troupes.

Le feu était épouvantable. Les soldats de
la Légion se tenaient la plupart le long des
maisons : ils armaient leur fusil, s'a-
vançaient sur la voie et tiraient. Beaucoup

étaient couchés, d'autres à genoux : pas un qui tremblât!

Dans cette guerre de rue, il y eut des prodiges de dextérité et d'audace.

Un sergent de la légion étrangère, — d'un sang-froid extraordinaire et le plus habile tireur du régiment, — s'était posté derrière une lucarne qui regardait l'ennemi : de là, il visait comme à la cible : il choisissait celui qu'il voulait tuer, et tandis qu'on les comptait à côté de lui, il en abattait quatre-vingts sur la route et devant les Aydes. Effroyable succès de son arme et de son coup d'œil!...

Un soldat qui se tient derrière un tas de planches et de poutres, dans la cour d'un charron, ne tire pendant une heure, que sur ceux qui s'avancent isolément : il n'en laisse pas un seul faire un pas de plus; et quand les Bavarois, jugeant impossible, en ce moment, de pénétrer à travers tant de balles si sûrement lancées, essayent d'entrer par la rue de Fleury, notre soldat les a suivis : il veut rester face à face avec eux. Appuyé sur des roues, derrière une haie, il continua longtemps la fusillade avec la même adresse, jusqu'à ce que, blessé au pied, il tomba et

fut jeté par une fenêtre chez un habitant qui
le soigna et le guérit. Des chasseurs du 5ᵉ
s'étaient mêlés à la Légion dans le désordre
de la bataille. L'un était monté sur les bran-
ches d'un large noyer. Caché dans l'arbre, il
envoyait la mort de ce vert feuillage où, le
matin sans doute, les oiseaux chantaient. Il
tournait à droite, à gauche, son adroit fusil,
tuant ou blessant douze ennemis en moins
d'une heure. Un autre chasseur a remarqué,
sur l'un des côtés du même chemin, une exca-
vation qui ressemble à un fossé : il va s'y
embusquer : une balle l'abat. Un second ac-
court, car la place est bonne. Il relève un
peu son camarade ; à la hâte, il le met en travers devant lui, et ce corps encore chaud devient son rempart. Il tire de là comme à coup
sûr. Furieux de leurs pertes, cinquante
ennemis le visent à la fois. A son tour, le
voilà renversé. Mais, admirable obstination
de l'héroïsme ! ce trou rempli de sang, qui
porte un cadavre au rebord, un cadavre dans
sa profondeur, on dirait qu'il attire ces soldats avides de se battre : ils n'y aperçoivent
point la mort ; ils n'y voient qu'un avant-
poste d'où l'on peut tuer des ennemis. **Un**

troisième vient donc s'y établir, mieux protégé par les deux hommes qui le couvrent
qu'ils ne l'avaient été eux-mêmes; plus
longtemps qu'eux, il tire sur les Bavarois,
mais à la fin, lui aussi tombe et expire. Ce
ne fut pas le dernier. Un quatrième s'y pré-
cipite, s'abrite derrière cette barrière de cadavres, se bat avec la même ardeur, appu-
yant son fusil sur les morts, et se fait tuer à
la même place!... On les trouva tous quatre
l'un sur l'autre, étendus dans le même repos,
victimes du même sacrifice. Comment se
nommaient-ils, ces braves?.... Dieu seul le
sait; nous n'avons gardé d'eux que le souvenir de cette sublime énergie !

Il était trois heures. Aux Aydes, l'ennemi
n'avançait pas. C'est vers ce moment que
mourut le commandant Arago. Comme un
clairon sonnait près du mur et s'y appuyait,
Arago voulant donner un ordre lui crie :
« Assez! » Ce clairon n'entendit point. Arago
fit trois pas vers lui en répétant : « Assez! »
Au moment où il le touchait de la main, une
balle vint le frapper au cou : il tomba raide.
Ses soldats le ramassent et le portent, en
pleurant, chez un boucher qui le reçoit sur

son lit. Le commandant Arago était déjà ina-
nimé! Tous ceux qui le virent au combat
ont regretté en lui un héros, et la France
dira qu'il a honoré le grand nom qu'il
portait.

Tel fut un glorieux épisode du combat
d'Orléans. Pendant près de huit heures,
moins de six mille soldats, laissés sans ordre,
avaient résisté à plus de quarante-cinq mille
hommes. Et dans un temps où le drapeau de
la France semblait abattu presque partout,
on les avait vus, sans indiscipline, sans dé-
couragement, sans murmure, faire le sacrifice de leur vie à l'honneur de la patrie, de
leurs officiers et de leur régiment.

« Pas un soldat n'eut de défaillance », disait, le lendemain, dans son rapport, le lieutenant-colonel de Joffroy.

« Pas un ne recula. Dormez, morts héroïques! »

Dormez, vous dont la France a reçu l'hommage d'un sang si généreux! Dormez, vous
ses enfants; et vous aussi, étrangers qui tom-
biez pour la défense d'une terre qui n'avait
porté ni votre berceau ni celui de vos mères.
Dormez dans la confiance de son admiration

et de sa pitié, vous tous à qui Orléans doit le souvenir de l'immortel combat auquel vous avez associé votre nom.

(A. Boucher).

MORT DE HENRI REGNAULT

Henri Regnault avait vingt-sept ans; il était riche, heureux, et déjà il possédait la gloire à l'âge où tant d'autres n'ont que l'ambition et l'espérance. Il avait remporté le grand prix de Rome pour la peinture; et, à ce titre, il était exempt de tout service militaire; mais dans son âme élevée, il n'y avait de place que pour la patrie mutilée par l'ennemi.

Au moment de la guerre, Henri Regnault s'était rendu au Maroc, d'où il envoya son dernier tableau : *Une Exécution sous les rois maures de Grenade*. Il apprit, dans son atelier, le désastre de Reischoffen et revint promptement à Paris, sa ville natale. Il entra dans un bataillon de la garde nationale.

Le 19 janvier, son bataillon était engagé près des murs crénelés du parc de Buzenval. Sans artillerie, les murs ne pouvaient être franchis. Les balles prussiennes pleuvaient sur Regnault et ses compagnons qui rispostaient au jugé, ne voyant pas l'ennemi.

A cinq heures du soir, la retraite sonna. Les amis du peintre l'appelèrent :

« Non, dit-il, j'ai encore deux cartouches, je veux les brûler, il me faut un Prussien. »

On ne le revit plus.....

Vingt-quatre heures après, un ambulancier qui passait remarqua le corps d'un jeune garde-national frappé d'une balle au visage.

Il ouvrit la capote du mort, lut ces mots sur une feuille de parchemin fixée au revers du vêtement : *Regnault, peintre, fils de Regnault de l'Institut.*

Lorsqu'on revint pour chercher le corps, on ne le trouva plus ; et, cinq jours plus tard, un ami de Regnault reconnut ses restes au Père-Lachaise.

Les funérailles d'Henri Regnault réunirent tout ce qui, dans Paris, aime à tenir une plume, un crayon, un ciseau ou une épée,

FIN.

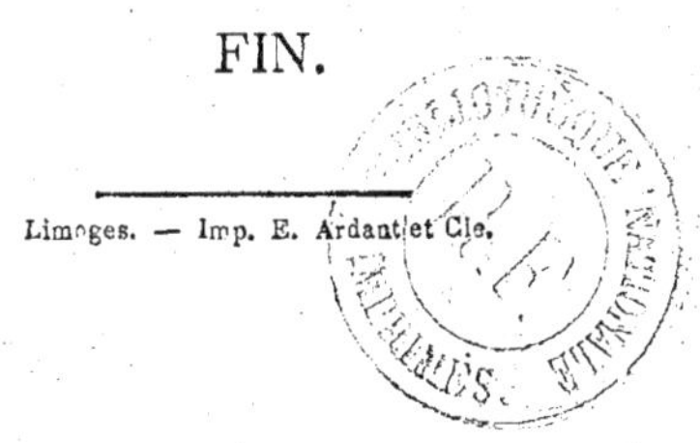

Limoges. — Imp. E. Ardant et Cie.

LE
KHALIFE
DE BAGDAD

SCÈNES DE LA VIE ORIENTALE AU IXe SIÈCLE

PAR

BRASSEUR DE BOURBOARS.

LIMOGES

EUGÈNE ARDANT ET Cie, ÉDITEURS.